마흔, 조나단처럼 비상하라

마흔, 조나단처럼 비상하라

변화와 위기 앞의 40대를 위한 코칭 가이드

초 판 1쇄 2025년 04월 08일

지은이 백용식
펴낸이 류종렬

펴낸곳 미다스북스
본부장 임종익
편집장 이다경, 김가영
디자인 임인영, 윤가희
책임진행 이예나, 김요섭, 안채원, 김은진, 장민주

등록 2001년 3월 21일 제2001-000040호
주소 서울시 마포구 양화로 133 서교타워 711호
전화 02) 322-7802~3
팩스 02) 6007-1845
블로그 http://blog.naver.com/midasbooks
전자주소 midasbooks@hanmail.net
페이스북 https://www.facebook.com/midasbooks425
인스타그램 https://www.instagram.com/midasbooks

ISBN 979-11-7355-100-0 03190

값 **18,500**원

미다스북스는 다음세대에게 필요한 지혜와 교양을 생각합니다.

마흔, 조나단처럼 비상하라

백용식 지음

미다스북스

PART 3 가능성의 바람을 타고 더 멀리 날아라

세 번째 비행: 코칭의 힘을 발견하다

변화의 가장 강력한 도구는 코칭이다.
코칭은 스스로 답을 찾게 만들고, 마음속 깊은 가능성을 현실로 이끌어준다.

PART 4 더 높은 하늘로 날아오르라

네 번째 비행: 코칭의 날개를 달다

변화는 단순한 목표가 아니라, 삶의 방식이 되어야 한다.
자기 내면의 소리가 들려올 때, 진짜 변화가 시작된다.

더는 망설이지 마라.
이제 당신이 더 높이 날아오를 차례다. 마흔의 조나단이여, 날개를 펼쳐라.

프롤로그

마흔의 조나단에게 고함

우리 모두의 가슴속에는 꿈꾸는 갈매기 '조나단'이 있다.
이 책은 삶의 한계를 넘어 더 높이 비상하고자 하는
모든 조나단들에게 바치는 응원의 메시지다.

조나단, 새로운 비상을 꿈꾸다

조나단은 리처드 바크의 『갈매기의 꿈』에 등장하는 주인공이다. 그는 하늘을 날기로 결심한 갈매기였다. 그러나 조나단의 성공적인 비행은 갈매기 사회의 우려를 불러일으켰다.

"갈매기는 오로지 먹이를 찾고 살아남기 위해 태어났다."

이것이 갈매기 세계의 당연한 법칙이었기 때문이다. 어느 날, 새로운 비행법을 터득한 조나단은 의기양양하게 무리로 돌아온다. 하지만 그를 기다리고 있던 것은 축하가 아닌 추방 선고였다.

"무책임이요? 여러분! 삶의 의미와 더 숭고한 목적을 찾고 갈구하는 갈매기보다 더 책임 있는 갈매기가 과연 누구입니까?"

조나단은 간절히 호소하지만, 갈매기들은 결국 그에게 등을 돌리고 만다. 사회가 정한 관습은 개인의 의지만으로 쉽게 꺾을 수 있는 것이 아니었다. 조나단은 부모와 헤어지고, 갈매기 무리에서도 추방당한다.

마흔, 나의 첫 비행

나 역시 안전한 직장을 떠나 마흔이라는 나이에 프리랜서 강사의 길을 선택했다. 그 도전은 무모해 보였고, 주변 사람들도 쉽게 이해할 수 없는 결정이었다. 내 40대의 시작은 위태로움의 연속이었다. 불확실한 미래 앞에서, 가족들도 걱정 어린 눈빛으로 나를 바라보았다. 아내 역시 나를 응원해 주고 싶었지만, 그저 내가 체념하고 돌아오길 바라는 마음이었을 것이다.

직장인에게 불확실한 미래와 고정되지 않은 수입은 가장 큰 두려움이다. 아마 지금 이 글을 읽고 있는 당신의 현실과도 다르지 않을 것이다. 100세 시대가 도래했지만, 노후 준비는 여전히 더디기만 하다. 퇴직연금을 중간에 인출하는 사람이 3만 명이 넘고, 퇴직금을 연금으로 수령하지 않고 일시금으로 받는 비율이 95%에 달한다고 한다.

그때의 나 역시 준비 없는 퇴직자 중 한 명이었다. 그저 열정 하나로 '1인 기업가'라는 명함을 가진 자영업자였을 뿐이다. 그러나 여전히 불안감이 나를 엄습했다. 강의 준비에 몰두하다가도, 문득 스스로에게 묻곤 했다.

"이 길이 맞는 걸까?"

"나는 제대로 가고 있는 걸까?"

마치 트랜지스터 라디오의 주파수가 어긋난 듯한 불안한 잡음이 끊임없이 내 안에서 울려 퍼졌다. 하지만 멈출 수 없었다. 아직 다 펼치지 못한 꿈이 있었고, 식지 않은 열정이 남아 있었기 때문이다.

비상을 깨닫다

갈매기 무리를 떠난 조나단은 깨닫는다. 지금까지 자신을 괴롭힌 것은 권태, 공포, 그리고 분노였다는 것을. 그는 자신과 같은 길을 가는 새로운 갈매기 무리를 만나고, '설리반'이라는 스승과, '치앙'이라는 절대적 멘토를 만난다. 그리고 그들을 통해 마침내 한계를 뛰어넘는 '순간 이동 비행'을 터득해 간다.

"조나단, 순간 이동 비행을 하려면, 네가 이미 그곳에 도착했다는 것을 먼저 깨달아야 하네."

'치앙'은 온 마음을 다해 조나단을 이끌었다. 그리고 한계에 갇히지 말라고 당부한다.

어느 날, 조나단은 치앙의 말을 떠올리다가 문득 깨닫는다.

"그래 맞다! 나는 완전하고, 한계가 없는 갈매기다!"

그 순간, 그는 커다란 기쁨과 해방감을 느낀다.

조나단처럼, 비상의 순간을 맞이하다

나에게도 심장을 뛰게 만든 사건이 찾아왔다. 그날은 내가 운영하는 연구소의 로고를 만들기 위해, 〈디자인 이루다〉 대표님과 면담을 하던 날이었다.

"소장님, 연구소 로고의 핵심 가치를 찾으면서 떠오른 키워드가 하나 있습니다."

"아, 그래요? 그게 뭔가요?"

"'비상(飛上)'입니다."

그 말을 듣는 순간, 마치 온몸을 스치는 전율이 일었다. 그리고 한 달 뒤, 아침에 문득 입으로 '비상'을 읊조리다 『갈매기의 꿈』을 다시 펼쳤다. 그리고 깨달았다. '아, 이거였구나! 이것이 바로 진정한 비상이었구나!'

그날, 조나단은 더 이상 남의 이야기가 아니었다. 조나단은 바로 나였고, 내 꿈이었으며, 내 비전이었다. 나는 10년 후의 비전을 세우고, 나의 연구소 이름을 '조나단'으로 변경했다.

코칭과 연결, 그리고 새로운 비상

조나단에게는 '치앙'이라는 멘토이자 코치가 있었다. 코치는 고객과 함께 문제를 정의하고, 새로운 관점을 발견하도록 돕는 사람이다. 치앙은 조나단이 자신의 한계를 넘도록 이끌어주었고, 조나단은 마침내 새로운 차원의 비행을 터득하게 된다. 그리고 치앙이 마지막으로 남긴 말.

"조나단, 계속 사랑을 연마하게."

나 역시 조나단처럼, 미래를 향해 비상하려는 청년들과 나의 경험과 깨달음을 나누고 싶었다. 그렇게, 나는 8년간 대학에서 청년들을 가르치며 그들의 비상을 돕는 일을 하게 되었다. 너무도 감격스럽고 행복한 시간이었다.

그 시간들 속에서, 나는 나만의 슬로건을 만들었다.

'조금씩 나를 단련시키자!'

마흔, 새로운 커리어를 준비할 때

누구에게나 준비 없는 퇴사는 갑작스럽게 찾아올 수 있다. 전문가들은 퇴직 10년 전인 40대 후반부터 본격적으로 은퇴와 새로운 커리어를 준비해야 한다고 조언한다. 하지만 여전히 많은 40대들이 불투명한 미래에 대한 불안감에 싸여 있다. 특히 40대 여성들의 경우, 출산과 육아로 인해 사회와 멀어져 있는 경우가 많다. 그들에게는 새로운 도전이 필요한 시기다. 나는 코치가 되면서, 그들의 비상을 돕고 싶다는 열망이 더욱 커졌다.

이 책은 평범한 직장인이었던 내가 프리랜서 강사로 변화하며 겪었던 삶의 교훈과 깨달음을 담고 있다. 또한, 코치가 되면서 배운 성장의 원리와 변화의 본질을 기록했다. 책을 통해, 나는 독자 여러분이 자신의 가능성을 발견하고, 진정한 비상의 순간을 맞이하길 바란다.

이제, 당신이 날개를 펼칠 차례다.

PART 1

마흔의 조나단이여, 날개를 펴라

첫 비행: 새로운 커리어를 향한 도약

조나단은 흔들리지 않는 삶의 나침반을 찾는다. 역경은 기회가 되고, 자신을 마주하며 치유의 과정을 거친다. 그리고 마침내, 그가 빛날 수 있는 무대에 오른다. 이제, 보여지는 삶을 넘어 빛나는 삶으로 도약하자.

"저는 단지 창공에서 제가 할 수 있는 것과
할 수 없는 것이 무엇인지 알고 싶어요.
저는 그저 알고 싶을 뿐이라고요."

리처드 바크, 『갈매기의 꿈』 중에서

‖ 1 ‖

흔들리지 않는 나침반을 찾아서

내면의 의도는 미래의 결정을 위한 나침반 역할을 한다.

나답게 살아가는 삶의 방식에 대해 고민하기 시작하면서, 나는 '직장'이 아닌 '직업'을 찾고 싶었다. 그리고 점차 세상을 이끌어보고 싶은 열망이 생겨났다. 그런 열망을 느끼게 해준 계기는 30대 초반에 수강했던 리더십 코스였다. 약 3개월간의 교육과정에서 나는 처음으로 '독립'이라는 삶을 떠올렸다. 1인 기업과 창업에 대한 꿈을 품기 시작한 것도 아마 그때였을 것이다.

교육은 특강 형태가 아닌 참여형으로 진행되었다. 매주 참가자들이 자신의 이야기를 발표하는 시간이 있었다.

"다음 시간에는 자신이 경험한 이야기 중 교훈을 얻었던 것을 준비해 주세요. 발표 방식을 이해할 수 있도록 시범을 보여드리겠습니다."

주제가 사전에 예고되었지만, 막상 발표할 소재를 찾는 것은 또 다른 도전이었다. 시범 발표가 끝나자, 참가자들은 각자 휴대전화 사진을 넘겨보며 기억을 떠올리거나 파트너와 대화를 나누며 소재를 찾았다.

나는 곧장 집으로 돌아와 사진첩을 꺼냈다. 그리고 한 장의 사진을 발견했다. 사진 속에는 다부지고 당찬 군인의 모습이 담겨 있었다. 그 순간, 어렴풋이 과거의 기억들이 하나둘 떠올랐다.

당시 나는 직업군인으로 중위 계급이었고, 중대장의 직책을 맡고 있었다. 현역 복무를 마친 지역 예비군을 대상으로 훈련을 담당했으며, 교관으로서 훈련에 참여하는 일이 잦았다.

그날은 무더운 여름, 야외 훈련이 있던 날이었다. 푹푹 찌는 더위 속에서 모두가 땀을 뻘뻘 흘리며 지쳐 있었다. 여기저기서 불평 섞인 목소리가 들려왔다.

"교관님, 너무 덥습니다. 그늘로 이동해야 하는 것 아닙니까?"

훈련생들의 안전을 고려해 융통성 있는 운영을 하고 싶었지만, 교관으로서 교육 시간을 준수해야 했다. 나는 훈련생들을 설득하기로 했다.

"여러분, 오늘 날씨가 덥고 불쾌 지수가 높다는 점을 잘 알고 있습니다. 여러 의견을 고려하여 훈련 방식을 조금 조정하겠습니다. 조금만 더 협조 부탁드립니다."

그날의 훈련은 바닥에 엎드려 전진하는 '포복 훈련'이었다. 나는 기존의 교안을 따르는 대신, 분대별 게임 형식으로 훈련을 변경했다. 일부 훈련생들은 마지못해 따라왔지만, 나머지는 변화된 형식에 적응하며 적극적으로 참여했다. 결국, 모든 훈련생이 2박 3일간의 훈련을 무사히 마쳤다.

훈련장에서 배운 교훈

몇 달 뒤, 나는 시내 은행을 방문했다가 뜻밖의 인사를 받았다.

"혹시 교관님 아니십니까?"

그는 은행 직원이었다. 훈련장에서 만난 예비군이었지만, 정장을 입고 일하는 모습은 전혀 다른 느낌이었다. 하지만 그는 반갑게 인사를 건네며 훈련 당시를 회상했다.

"그날, 정말 멋진 장교의 모습을 봤습니다."

"아니, 무슨 말씀이신가요?"

나는 어리둥절한 채 이유를 물었다.

"힘든 상황에서도 자신의 원칙을 끝까지 지키는 모습이 인상 깊었습니다. 그게 진짜 장교다운 모습이라고 생각합니다."

그의 말을 듣는 순간, 나는 깜짝 놀랐다. 사실, 나는 훈련 당시 불평이 많았던 훈련생들과 마주치면 불편한 상황이 되지 않을까 걱정하고 있었다. 그러나 그의 반응은 내가 예상했던 것과는 전혀 달랐다.

그날 숙소로 돌아와 한참 동안 낮에 들었던 말을 되새겼다. 한 사람의 의견일 수도 있었지만, 내 행동을 다르게 평가하는 시각이 있다는 점이 놀라웠다. 나는 그 경험을 통해 하나의 결과에도 다양한 시각이 존재할 수 있으며, 지휘관은 자신이 가진 원칙에 따라 평가받는다는 중요한 교훈을 얻었다.

사실 나는 그때까지도 내가 어떤 사람인지 잘 몰랐다. 하지만 그 사건을 계기로 '원칙을 중요하게 여기는 사람'이라는 새로운 자각을 하게 되었다. 이는 내 20대 인생의 터닝포인트가 되었다. 서른이 넘어 잊고 있던 그날을 다시 떠올려 보니, 그 경험은 방황하던 내게 방향을 제시해 준 나침반과도 같았다.

셀프 코칭: 나를 발견하는 질문

리더십 훈련을 마친 후 5년이 지나, 나는 마침내 독립이라는 목표를 이루었다. 특히 리더십 교육에서 배운 '열정의 힘'은 마흔을 시작하는 내게 큰 용기를 주었다. 다만, 한 가지 아쉬운 점이 있다면 여러 사정으로 리더십 강사에 도전하지 못한 일이다. 그 아쉬움과 후회는 내 마음을 계속 흔들었다.

그때마다 나는 스스로에게 질문을 던졌다.

"삶이 나를 위해 일하고, 모든 도전과 실패가 나에게 무언가를 가르쳐 준다면, 그 경험에서 나는 무엇을 배울 수 있을까?"

기회를 잡지 못한 경험은 나를 위축시켰지만, 이런 질문은 생각의 지렛대가 되어 나를 앞으로 나아가게 했다. 미국의 사업가이자 작가인 킴벌리 커버거(Kimberly Kirberger)는 후회 속에서도 배움이 있다고 말했다.

"지금 알고 있는 걸 그때도 알았더라면, 내 가슴이 말하는 것에 더 자주 귀 기울였을 것이다.”

“지금 알고 있는 걸 그때도 알았더라면, 진정한 아름다움은 자신의 인생을 사랑하는 데 있음을 기억했으리라.”

이제 나는 다른 사람의 말보다 내 가슴이 말하는 것에 더 집중하려고 한다. 자신에게 질문하고, 그 질문을 통해 성찰하며 변화를 만들어간다. 코칭에서는 이를 ‘셀프 코칭’이라고 부른다.

셀프 코칭은 타인의 변화가 아닌, 오롯이 자신의 변화를 목적으로 한다. 나는 매일 아침 눈을 뜨면 자신에게 질문을 던진다.

“오늘 아침 감사할 일은 무엇인가?”

“가장 하고 싶은 일은 무엇인가?”

하루가 끝나는 저녁에도 질문을 이어간다.

“오늘 가장 마음에 들었던 순간은 무엇인가?”

“지금 신경 쓰이는 이유는 무엇 때문일까?”

셀프 코칭을 통해 나는 충동적인 반응 대신 스스로가 원하는 방향을 선택하는 힘을 기르게 되었다.

올바른 의도를 발견하는 힘

셀프 코칭을 하다 보면, 욕구 아래 숨겨진 ‘의도’를 발견할 수 있다. 예를 들어, 친구에게 불편한 말을 들었을 때 단순히 기분을 풀기 위해 운동을 하거나 맛있는 음식을 먹어도, 결국 불편한 감정은 다시 떠오른다. 그러나 불편한 감정을 직면하고 그 아래 숨겨진 의도를 찾아보면, 문제를 해결하고 그 친구와의 관계를 유지하고 싶은 마음이 있었음을 깨닫게 된다.

그래서 의도를 알면 행동을 정하기 쉬워진다. 의도는 언제나 올바르기 때문이다. 그만큼 의도를 이해하면 생각이 진실해지고, 부정적인 감정을 다스릴 수 있으며, 올바른 행동으로 나아갈 수 있다. 셀프 코칭을 통해 나는 순간적인 충동을 넘어서, 진정한 나와 마주할 수 있었다.

*

인생의 방향을 결정하는 것은 외부의 환경이 아니라 내면의 의도다.
무엇이 나를 움직이게 하는가? 삶의 진정한 나침반을 찾아야 한다.

‖2‖

인생의 태도를 다시 세울 때

인사는 누군가의 하루를 변화시키는 힘이 있다. 인사를 통해 인생을 변화시키자.

어느 날, 유명 패션 잡지에서 '태도를 입는다.'라는 문장을 보았다. 학생은 교복을 입고, 스포츠 선수는 운동복을 입으며, 공장이나 현장 작업자는 보호 장구를 착용한다. 이는 단순히 옷을 입는 것이 아니라, 그 옷이 부여하는 역할과 책임을 함께 지닌다는 의미다.

내게도 군복이 그러했다. 나는 20대 내내 유니폼처럼 군복을 입고 생활했다. 스물셋부터 6년 동안, 주말을 제외하면 거의 하루도 빠짐없이 군복을 착용했다. 당직을 설 때는 일주일 내내 군복을 벗지 못하기도 했다.

군복에는 계급이 표시되어 있다. 그만큼 권한과 책임이 분명했으며, 군복은 두려움에 맞설 용기를 만들어주기도 했다. 나 역시 군복을 통해 군인으로서의 태도와 자세를 갖추어갔다. 그러나 서른이 될 무렵, 나는 예상보다 빠르게 군복을 벗게 되었다.

IMF(International Monetary Fund, 국제통화기금) 사태로 인해 국가 부도 위기가

닥쳤고, 정부는 긴급 자금 지원을 받기 위해 군 인력을 감축했다. 그 영향으로 나 역시 전역을 하게 되었다.

사회에서 맞닥뜨린 현실

전역과 동시에 시련이 시작되었다. 믿었던 회사가 파산하면서 직장이 사라졌고, 많은 사람들이 공무원 시험 준비에 몰렸다. 나 역시 공무원 시험에 도전했지만, 결과는 실패였다. 이후 직장을 다시 알아보던 중, 프랜차이즈 사업에 관심이 생겼다. 당시 프랜차이즈 업계는 막 성장하기 시작하던 시기였다.

요식업은 처음이었고, 음식점에서 일해 본 경험도 없었지만, 상황이 절박했기에 가릴 처지가 아니었다. 그렇게 식당 운영을 배우게 되었고, 전혀 예상치 못한 도전이 시작되었다. 가장 큰 장애물은 뜻밖에도 '인사'였다.

목례가 어려웠던 이유

식당에서 일하게 되면서 손님들에게 인사를 해야 했지만, 허리를 숙여 인사하는 것이 쉽지 않았다. 너무 당연하고 쉬운 일이었지만, 나는 군대에서 거수경례에 익숙한 상태였다. 비록 군복을 벗었지만, 태도는 여전히 변하지 않았고, 군인으로서의 습관이 몸에 배어 있었다.

손님에게 목례를 해야 하는 순간이 오면 어색해서 딴 곳을 바라볼 정도였다. 그만큼 나에게는 힘든 고민이었다.

군인은 본래 적의 동태를 살피고 전방을 주시해야 하기에 고개를 숙이지 않는다. 이러한 습관이 몸에 배어 있다 보니, 목례가 낯설고 어색하게 느껴졌다. 게다가 "어서 오세요."라는 인사와 함께 고개를 숙일 때면 왠지 모를 수치심이 들기도 했다.

시간이 지날수록 점점 더 어려워졌다. '이대로는 안 되겠다.'는 생각이 들어, 나는 방 안에서라도 연습해 보기로 했다. 거울을 보며 하루에도 수백 번씩 "안녕하세요."와 "반갑습니다."를 반복했다. 몇 날 며칠을 고개 숙이는 연습을 하던 중, 문득 이런 생각이 들었다.

"내가 지금 고개를 숙인다고 해서, 관계까지 낮아지는 것은 아니다."

손님을 바라볼 때는 눈을 마주치고 환하게 맞이하자고 다짐했다. 고개를 숙이더라도, 나 자신을 낮추지는 않겠다고 결심했다.

작은 변화가 만들어낸 결과

연습을 시작한 지 3주가 지나고, 한 달이 지나자 손님들과 '눈인사'가 가능해졌다. 거수경례를 내려놓고 조금씩 목례에 적응해 가던 나는, 마치 알을 깨고 나온 햇병아리 같았다.

손님이 방문해도 반갑게 맞이할 수 있는 상태가 되자, 자연스럽게 관계가 열렸다. 나는 손님에게 먼저 다가가기 시작했다.

"안녕하세요, 손님. 더 필요한 것은 없으실까요?"

군대에서는 명령 없이는 자리를 지켜야 하며, 무단이탈은 명령 위반이다. 이러한 군인의 습성을 내려놓고 먼저 다가서는 태도를 갖추자, 손님과의 거리가 한층 가까워졌다.

그러던 어느 날, 나를 찾는 단골손님이 생겼다.

"백 주임님, 반가워요. 오늘도 같은 메뉴로 주세요."

마침내 나를 알아보고 먼저 인사하는 손님이 생기자, 나는 비로소 자신감을 얻었다.

엔진을 끄지 마라

어느 날, 한 외과 의사가 자동차 정비소를 방문해 차량을 수리했다. 정비사는 심장 전문의인 고객의 차를 꼼꼼하게 점검한 후 말했다.

"선생님은 사람의 심장을 고치고, 저는 차의 심장을 고칩니다. 그런데 저는 왜 이렇게 봉급이 적을까요?"

그 말에 외과 의사가 미소를 지으며 답했다.

"저는 엔진이 작동하고 있을 때 수리하거든요."

이 말은 내게 깊은 울림을 주었다. 자동차의 엔진은 멈추면 아무 의미가 없다. 사람도 마찬가지다. 가슴 속 목표를 향한 열정이 꺼지면 앞으로 나아갈 수 없다.

나는 이후로 마흔이 될 때까지 내 꿈의 엔진을 끄지 않기로 했다. 죽은 심장으로는 달릴 수 없다는 사실을 깨달았기 때문이다. 그러자 자신감도 두 배로 커졌다.

코칭은 엔진을 작동시키는 과정이다

코칭은 고객의 '엔진', 즉 마음속 열정을 다시 뛰게 한다. 코칭의 과정은 다음과 같은 단계를 따른다.

① 목표 설정 → ② 현실 인식 → ③ 대안 탐색 → ④ 실행 의지

이 과정을 통해 '동기'를 일으키고, 행동에 열정을 불어넣는다. 성장 전문가 그룹 'HRDer'에서는 이를 '성장 사이클'이라고 부른다. 이는 다음 네 단계와도 같다.

<인지 → 훈련 → 내재화 → 성과 개선>

- ▶ 인지 단계: 새로운 인식을 받아들이는 과정이다. 나는 '거수경례를 목례로 바꾸겠다.'는 목표를 설정하며 이 단계를 시작했다.
- ▶ 훈련 단계: 연습을 통해 몸에 익히는 과정이다. 거울을 보며 하루에도 수백 번씩 인사를 반복했다.

▶ **내재화 단계:** 변화의 가치를 스스로 깨닫는 과정이다. '고개를 숙인다고 해서 관계까지 낮아지는 것은 아니다.'라는 인식을 통해 인사가 가진 의미를 새롭게 받아들였다.

▶ **성과 개선 단계:** 지속적인 노력으로 변화를 이루는 과정이다. 손님을 향해 먼저 다가가는 태도를 가지며 단골 고객이 생겼다.

인생을 바꾸는 작은 행동

옷을 바꿔 입듯, 태도를 변화시키는 노력은 인생의 변화를 가져온다. 작은 인사 하나라도 최선을 다해 자신의 방법을 찾는다면, 결국 인생도 바뀐다.

"인사를 바꾸면 인상이 바뀌고, 인상이 바뀌면 인생이 바뀐다."

인생 속에는 '인사'가 숨어 있음을 기억하자.

*

변화를 원한다면, 가장 먼저 태도부터 바꿔야 한다.
작은 인사 하나가 인생을 바꿀 수도 있다.

‖3‖

역경이 쌓여 경력이 되는 순간

다람쥐가 잊은 도토리가 자라 숲을 이루듯, 외면받았던 경험들이 기회의 싹이 된다.

마흔을 앞두고 몇 번의 이직을 더 했다. 그사이 삶은 더욱 흔들렸고, 이어진 경력 단절 속에서 피로감은 극심해졌다. 불안한 터널을 하루빨리 벗어나고 싶었다.

지푸라기라도 잡는 심정으로 온라인 채용 공고를 운영하는 대표님께 전화를 걸었다.

"안녕하세요, 대표님. 그동안 잘 지내셨어요?"

"그럼요, 백 선생님. 한번 뵙고 싶었습니다."

반가운 환대에 용기를 내어 도움을 요청했다.

"혹시 저에게 적합한 직장이 있을까요?"

혹시나 하는 마음에 던진 질문은 뜻밖의 답으로 돌아왔다.

"백 선생님, 지금 우리 회사에 영업관리직이 공석입니다. 함께 일해보지 않겠습니까?"

"온라인 채용 분야는 너무 생소한데 괜찮을까요?"

"경력이 짧더라도 선생님의 열정이라면 충분히 가능합니다."

뜻밖의 제안이었다. 그러나 바로 거절하지 못했다. 그만큼 절박하기도 했다. 며칠의 시간을 갖기로 하고, 그날 저녁 아내와 이야기를 나눴다.

아내는 '안정'을 원했고, 나 또한 새로운 시작을 하고 싶었다. 그러나 반복된 이직은 불신을 낳았고, 불안은 더욱 커졌다. 무엇보다도, 나는 마음속에 패배감이라는 굴레를 쓰고 있었다. 그리고 이제, 그 굴레를 벗고 싶었다.

이틀 뒤, 출근을 결정했다.

새로운 역할, 새로운 시각

당시 온라인 채용은 기존의 채용 방식과 달랐기에 사용자도 많지 않았고, 매출 역시 낮은 상태였다. 온라인 매출을 높이려면 새로운 접근이 필요했다.

"사장님, 다른 지사를 방문해서 현장 상황을 파악해보면 어떨까요?"

"좋은 생각이야. 자네가 간다고 연락해 두겠네."

곧바로 계획을 세웠다. 차례로 광주, 대전 지사를 방문하면서 영업 전략과 매출 방안을 고민했다. 그사이 나는 컨설턴트라는 새로운 역할을 받아들이고 있었다.

어느 날, 배너 광고 협의를 위해 기업을 방문했다. 담당자와 상담을 진행하던 중, 그는 이런 말을 꺼냈다.

"이번에 온라인을 통해 다양한 인재를 채용해 보려고 합니다."

"다양한 경험이 필요한 이유가 따로 있으신가요?"

"함께 일해보니, 한두 가지 경험만 한 사람보다 다양한 경험을 가진 사람이 사고의 폭이 넓고 상대를 더 잘 이해하더군요."

전공뿐만 아니라 사회 경험 또한 중요한 채용 기준이 된다는 이야기였다.

나는 문득 내 경험을 떠올렸다.

이전까지 나는 다양한 직업을 거쳐온 스스로를 '이직이 잦은 사람'이라고 여겼다. 그러나 채용 컨설턴트의 입장에서 다시 바라보니, 그것이 오히려 강점일 수도 있겠다는 생각이 들었다.

쓸모없다고 여겼던 경험들이 마치 오늘을 위해 계획된 것처럼 느껴졌다. 그날, 나는 나를 옥죄던 굴레를 완전히 벗어던졌다.

중국의 철학자 장자는 '세상에 쓸모없는 것이 쓸모가 있다.'라는 의미로 무용지용(無用之用)이라는 말을 남겼다. 반듯하고 튼실한 나무는 좋은 건축자재가 되지만, 구부러지고 비뚤어진 나무는 쓸모없다고 여겨진다. 그러나 그런 나무는 오랜 시간 숲을 지키고, 숲속 생물들에게는 없어서는 안 될 존재가 된다. 이처럼, 용도가 바뀌면 쓸모도 달라진다.

장자의 말처럼, 지금 당장 '쓸모없어 보이는 것'이라 할지라도, 시간이 지나면 전혀 다른 의미로 쓰일 수도 있다.

다양한 경험이 만들어낸 새로운 길

내 경력은 훗날 대학생 취업 코칭으로 이어졌다. 직업군인, 중소기업 근무, 요식업, 보험컨설팅, 백화점 근무, 의류 판매, 채용 컨설팅까지—다양한 직업을 경험한 덕분에 나는 단순히 컨설팅만 하는 것이 아니라, 구직자의 가능성을 더 깊이 바라볼 수 있었다.

강의와 상담에서도 접근 방식이 달라졌다.

"여러분의 경험은 반드시 소중한 경력이 될 수 있습니다. 절대 하찮게 여기지 마세요.

강물을 거슬러 헤엄쳐 본 사람만이 강물의 세기를 알 수 있듯이, 여러분의 경험 속에서 여러분만의 강점과 열정이 만들어질 것입니다."

강의장에 있던 학생들은 나의 경험에 더욱 귀를 기울이기 시작했다.

코칭이 주는 '관점 전환'의 힘

코칭에서는 이를 '관점 전환'이라고 한다. 바라보는 관점을 달리하면, '단기 경력'이 '효과적인 경력'으로 보일 수 있다. 관점이 바뀌면,

행동에 미치는 영향도 달라진다. 코칭에서는 고객의 생각을 촉진하는 질문을 던져 새로운 시각을 가질 수 있도록 유도한다.

"지금 그 말을 듣고 어떤 감정이나 욕구가 떠오르나요?"

"상사의 처지에서 바라본다면 어떤 생각이 드세요?"

"그 분야의 멘토가 있다면, 무엇을 물어보고 싶나요?"

"오늘 나눈 대화에서 새롭게 정리된 부분이 있다면 무엇인가요?"

이처럼, 스스로 생각하도록 돕는 질문들은 작은 변화에서 시작해 완전히 새로운 가능성을 열어준다.

헬렌 켈러는 말했다.

"행복의 문 하나가 닫히면, 다른 문이 열린다. 하지만 사람들은 닫힌 문을 바라보느라, 새롭게 열린 문을 보지 못한다."

과거에 대한 후회와 아쉬움에 사로잡혀 있다면, 눈 앞에 펼쳐진 새로운 기회를 놓칠 수도 있다.

이제부터 잠시 시선을 돌려보자. 그러면 새로운 가능성이 보이기 시작할 것이다.

"안전지대(Comfort Zone)를 넘어야 성장이 시작된다."

우리의 경험은 결코 사라지지 않는다. 그 경험들은 언젠가 뜻하지 않은 순간, 우리의 강점이 되어 새로운 기회를 열어 줄 것이다.

*

실패와 좌절이 쓸모없는 경험처럼 느껴질 때도 있다.

그러나 과거의 모든 경험은 언젠가 소중한 자산이 된다.

4

숨겨진 나를 만나는 치유의 과정

치유와 힐링은 아픔을 씻고 거듭나는 것이다.
이는 기존의 틀을 벗고 나비로 변화하는 과정과 같다.

마흔을 준비하는 과정에서 가장 많은 투자를 한 것은 단연 책이었다. 진로가 보이지 않아 답답할 때면, 나는 어김없이 책을 펼쳐 답을 찾으려 했다. 책은 내 삶의 유일한 탈출구이자, 가장 든든한 버팀목이었다. 어느 날, 독서 모임에서 합류 요청이 왔다.

"선생님, 익산에서 독서 모임이 시작되는데 함께하시겠어요?"

"네! 안 그래도 찾던 중이었습니다."

반가운 마음에 흔쾌히 합류를 결정했다. 그런데 모임 시간이 새벽 5시 30분이었다.

'이른 새벽에 과연 독서 모임이 가능할까?'

우려가 되었지만, 예상과 달리 모임은 활기차게 운영되었다.

매주 화요일, 동이 트기 전 우리는 모여 책을 읽고 각자의 생각을 공유했다. 모임이 지속될수록 참여하는 사람이 점점 늘어갔다.

'왜 사는가?'

'어떻게 사는 것이 나다운 삶인가?'

평소에는 바쁜 일상에 쫓겨 깊이 생각해 보지 못했던 주제들이 과감하게 발제되었고, 우리는 깊은 사유를 통해 서로의 생각을 교류했다.

모임을 마치고 돌아가는 길, 환한 햇살이 아침을 비추었다. 창문을 열고 시원한 바람을 맞으며 하루를 시작하는 순간은 그야말로 희망 그 자체였다. 눈을 뜨면 마주하는 아침이 더 이상 막막하지 않았다. 그렇게, 독서 모임은 내 삶의 강력한 동기가 되었다.

동기는 언제나 방법을 이긴다

화요 모임은 회원들의 열기로 가득했다. 새벽 4시에 책을 읽고 왔다는 회원, 밤을 새워 책을 읽고 온 회원까지—이른 새벽에도 잠을 쫓아낼 만큼 강한 열정이 우리를 끌어당겼다. 그 열정은 장작불처럼 서로에게 옮겨붙으며, 내 안을 뜨겁게 달구었다. 참석하는 시간이 늘어나면서, 어느새 나는 주축 회원이 되었다. 그리고 독서 모임에서 진행자로 활동하기 시작했다.

나는 진행자로 참여할 때 더욱 몰입했다. 회원들이 각자의 생각을 충분히 나눌 수 있도록 진행 순서를 사전에 준비했고, 집중할 수 있는 분위기를 만들었다.

"선생님, 오늘 모임 진행이 정말 좋았어요."

"서로 편하게 이야기할 수 있도록 잘 이끌어 주셔서 좋았습니다."

진행을 마치고 나면, 우리는 서로를 격려하며 피드백을 주고받았다. 재치와 순발력을 발휘했던 부분을 인정받을 때면, 가슴이 뛰었다. 잠자던 열정이 깨어나는 순간이었다. 시간이 지나면서 우리는 다양한 활동을 기획하기 시작했다. 그중에서도 가장 기억에 남는 것은 책과 여행을 접목한 독서 여행이었다.

"선생님, 이번 독서 여행은 정말 색다르고 좋았어요."

이후, 우리는 기차 독서 여행, 가족 독서 프로그램 등을 기획하며 책을 통해 더 넓은 세상을 꿈꾸기 시작했다.

나를 찾는 과정, 존재감을 발견하는 순간

사람은 누구나 자신의 존재감을 느끼며 살아갈 때 충만함을 경험한다. 하지만 문제에만 집중하다 보면, 정작 자신의 존재를 잊어버리기 쉽다. 『인생 계획 세우기』의 저자 리앙즈웬은 말했다.

"자신의 재능을 찾는 가장 좋은 방법은 자신의 행동과 표현을 관찰하는 것이다."

독서 모임을 통해 나는 잊고 있던 내 안의 재능과 존재감을 발견할 수 있었다. 자신의 존재감을 찾아가는 방식은 여러 모습으로 드러난다. 어떤 사람은 '이상적 자기'를 추구하며 자신의 가치를 찾는다. 또 어떤 사람은 '도덕적 · 사회적 의무' 속에서 자신의 존재를 확인한다.

나는 20~30대를 지나며 책임감 있는 사회 구성원, 그리고 좋은 남편과 아빠로서의 모습을 통해 내 존재를 찾았다. 주어진 목표를 이루기 위해 안간힘을 쓰며 살아왔지만, 마음 한편에서는 조나단처럼 자유로운 삶을 꿈꾸고 있었다. 그러나, 현실과 이상 사이에서 느끼는 불일치에 끊임없이 갈등하며 흔들렸다. 직장과 업무에 최선을 다했지만, 정작 보람을 느끼지 못했다.

자신만의 존재 방식을 찾기 위해서는 '현재의 나'를 먼저 받아들이는 것이 중요하다. 이러한 자기 수용(Self-Acceptance)이 이루어질 때, 우리는 현재의 나를 인정하고, 문제를 성장의 과정으로 인식할 수 있다. 문제를 장애물로 바라보느냐, 기회로 바라보느냐에 따라 우리는 '지금의 나'에 가까워질 수도, 더 멀어질 수도 있다. 문제를 바라보는 것은 결국 나 자신이다.

문제 속에 갇혀 있는 '부적응자'가 아니라, 문제를 넘어 현실을 주도하는 '진짜 나'를 찾을 때, 비로소 나만의 존재 방식을 발견할 수 있다.

독서 모임을 통해 찾은 나의 길

마흔을 준비하며 깨달은 것 중 하나는 진정한 나를 찾을 때, 삶의 방향도 보이기 시작한다는 것이다. 나에게 그것은 독서 모임이었다. 방황하던 시절, 책과 사람을 통해 나의 존재 방식을 발견했다. 그리고 진행자의 역할을 맡으면서, 나는 마치 내 옷을 입은 듯한 편안함을 느꼈다.

그제야 깨달았다. 이것이 바로 나의 재능이라는 것을.

지금 나는 책과 코칭을 접목한 '북코칭'을 통해 나만의 존재 방식을 즐기고 있다. 진정한 치유란, 숨겨진 나를 만나고, 받아들이는 것에서 시작된다.

*

진짜 나를 만나려면, 먼저 나를 있는 그대로 받아들여야 한다.
독서와 배움, 그리고 성찰의 과정이 필요한 이유다.

5

당신만의 무대에 오를 용기

> 변화의 무대는 두려움과 불안을 극복하는 곳이다.
> 지금, 당신만의 무대에서 새로운 도전을 시작하라.

변화의 전조 신호를 읽어라

자연 생태계에서 지진은 커다란 위기 상황이다. 지진이 발생하기 전에 '전조 현상'이 나타나는 경우가 있다. 지하의 지진 활동으로 인해 땅속에서 동면하던 파충류와 양서류가 땅 위로 나오거나, 동물들이 이상 행동을 보이기도 한다. 우리의 삶도 마찬가지다. 지진이 오기 전 작은 전조 현상이 나타나는 것처럼, 변화의 신호는 우리 주변에서 미리 감지된다. 2000년대 초반, '1인 기업'의 물결이 거세게 밀려오던 때였다.

강의실은 빈자리가 없이 꽉 차 있었고, 강사의 목소리는 확신에 차 있었다.

"여러분, 강의는 사업이고 강사는 기업입니다."

"이제 곧 1인 기업의 시대가 올 것입니다."

마이크를 타고 흘러나오는 목소리는 강렬했고, 그 말들은 마치 '다이너마이트'처럼 공간을 압도하고 있었다. 그 순간, 내 안에서도 서서히 균열이 일어나고 있었다. 그날의 흥분과 기대감은 강의를 마치고 돌아오는 심야 고속버스 안에서도 사그라지지 않았다.

나는 잠을 이룰 수 없었다. 분명, 지금이 나의 가능성을 키울 변화의 신호라고 느꼈다.

그날 이후, 나만의 강의를 꿈꾸기 시작했다. 매일 노트에 목표를 적었고, 책에서 배운 자기암시 방법으로 미래의 모습을 시각화했다. 서서히, 나는 강사의 길로 들어서고 있었다.

기다리지 말고 무대에 올라서라

그러나 현실은 기대와 달랐다. 강의를 향한 열망이 컸지만, 시간은 거꾸로 흐르는 듯했다.

'이대로는 안 된다.'라는 위기감이 몰려왔다.

"도대체 무엇이 문제일까?"

냉정하게 현실을 바라보았다. 나는 이제 막 초보 딱지를 뗀 강사였다. 과연 누가 나의 강의를 듣고 싶어 할까? 떠오르는 사람이 없었다. 어쩌면, 이 상황은 처음부터 예견된 일이었는지도 모른다. 방 한 칸을 연구실 삼아 강의안을 준비하던 나에게 '황금 같은 강의 기회'는 쉽게 오지 않았다.

그 순간, 모든 것이 막막하고 불안해졌다. 그때의 나를 떠올리면, 지금도 아득한 감정이 밀려온다. 그때 내 모습은 마치, 갈매기 무리에서 쫓겨난 '조나단'과 같았다.

나는 수백 번씩 강의 연습을 하고, 밤을 새워 프로그램을 만들었으며, 대학과 기관에 제안서를 보냈다. 그러나 아무런 소식도 없었다. 문턱은 여전히 높았다. 열망은 실망으로 변해 가고 있었다. 그러던 어느 순간, 또 다른 변화의 신호가 강하게 다가왔다.

더는 기다릴 수만은 없었다.

'강의를 직접 제안하자!'

나는 과감히 강사료 없이 강의 기회를 제안하기로 했다. 물론, 강사료를 받으면 좋겠지만, 그때의 나에게 중요한 것은 돈이 아니라 '강의력'이었다. 당시는 무료 강의가 흔하지 않았던 시절이었지만, 이 아이디어는 나름의 성과를 거두었다.

첫 강의, 그리고 잊지 못할 순간

처음 찾아간 곳은 익산의 청소년 기관이었다. 이곳에서 중학생들을 대상으로 하는 명사 특강을 맡게 되었다. 담당자는 걱정스러운 표정으로 말했다.

“실은 이곳 아이들이 대부분 결손가정의 자녀이거나 한부모 가정 아이들이라 의욕이 없어요.

저녁 시간이라 엎드려 자는 경우도 많습니다.”

나는 차분하게 답했다.

“네, 피곤한 시간이니 최대한 지루하지 않게 해보겠습니다.”

말이 떨어지기가 무섭게, 나는 ‘자신감 향상’이라는 주제로 강의안을 만들었다.

비록 50분짜리 강의였지만, 계속 다듬고 또 다듬었다.

1주일 뒤 강의가 시작되었다. 나는 오디션 참가자처럼 긴장된 마음으로, 아이들의 눈을 바라보며 표정을 살폈다. 한 아이에게 다가가 천천히 이름을 불렀다.

“철이는 자신감이 뭐라고 생각해?”

그러나 돌아오는 대답은 없었다. 학생들의 마음을 여는 ‘마중물’이 필요했다.

나는 준비해 간 슬라이드를 천천히 넘기며 질문을 던졌다.

“여러분, 50㎝ 널빤지가 두 개 있어요.

하나는 바닥에 놓여 있고, 다른 하나는 50m 빌딩 사이에 걸쳐 있어요.

누가 걸어볼래요?”

등을 타고 땀이 흘러내렸다. 나는 계속해서 이야기했다.

"똑같은 널빤지인데, 걷지 못하는 이유는 '자신감 부족' 때문이에요. 그럼, 자신감을 갖기 위해 필요한 것은 무엇일까요?"

그때, 저 멀리서 한 학생이 손을 번쩍 들었다.

"저는 '용기'라고 생각해요!"

뜻하지 않은 대답이었다. 아이들은 그 친구에게 박수를 보냈다. 그렇게, 대화가 시작되었다. 준비한 50분은 순식간에 지나갔다.

강의를 통해 성장하는 나

강의가 끝나고, 나는 노트북과 소지품을 챙겼다. 그때, 네다섯 명의 아이들이 내 앞으로 다가왔다. 그들은 손에 노트를 들고 있었다. 나는 순간 불안했다.

'혹시 강의 중 틀린 부분을 적어와서 지적하려는 건 아닐까?'

그때, 뜻밖의 말이 들렸다.

"선생님, 저 여기 사인해 주세요!"

"저도요! 여기에 사인 좀 해주세요."

나는 순간 내 귀를 의심했다. 아이들은 신기한 듯 나를 바라보고 있었다. 연습장 노트에 어색한 사인을 해주고 나니, 마음 깊은 곳에서 벅찬 감정이 차올랐다. 그날의 강의는 나에게 '교육은 강사와 학생이 함께 성장하는 과정'임을 깨닫게 해주었다. 이것이 바로 '교학상장(教學相長)'이었다.

코칭에서는 '줄탁동시(啐啄同時)'라는 표현을 쓴다. '병아리가 알을 쪼고 나올 때, 어미 닭도 함께 껍질을 쪼아 깨뜨린다.'라는 뜻이다. 그날, 나에게 사인을 요청한 아이들은 내 부족한 자신감을 깨뜨리고 일으켜 준 코치였다. 그들의 '탁' 하는 신호 덕분에, 나는 두려웠던 40대를 다시 시작할 수 있었다.

"상대방을 일으키는 자신감은, 결국 그 사람 안에 변화를 일으킨다."

지금, 당신만의 무대에 올라서라.

*

누구나 처음 무대에 서는 순간은 두렵다.

그러나 한 걸음 내디디는 순간, 새로운 기회가 시작된다.

6

한 줄의 문장이 인생을 바꾼다

한 줄의 문장이 변화를 깨우고, 마중물이 되어 변화의 물결을 만든다.

질문 하나가 나를 멈춰 세우다

강의를 시작한 지 1년이 되어가고 있었다. 그러나 나는 여전히 '안전한 월급'과 '나만의 고액 강의'라는 두 갈림길 사이에서 갈등하고 있었다. 가슴속에 꿈을 품고 살고 있었지만, 월말이 다가올 때마다 현실적인 고민이 나를 짓눌렀다. 때로는 도망치고 싶기도 했다.

그렇게 두 마음이 소용돌이치던 어느 날, 한 수강생의 질문이 나를 멈춰 세웠다.

"강사님, 좌우명이 뭐예요?"

문득 받은 질문에 나는 순간 당황했다.

"글쎄요…. 저는 그냥 열심히 살아가는 것입니다."

말을 하고 나니 씁쓸한 기분이 밀려왔다.

주변의 반대와 회유에도 불구하고 어렵게 강사의 길을 선택했지만, 정작 내가 왜 이 일을 하는지 명확하게 정의하지 못하고 있었다. 강단에서는 사람들에게 변화를 외치면서도, 나는 내 자신에게 당당하지 못한 마음이 들었다. 그날 이후, 나는 나에 대한 정체성을 다시 세워보기로 결심했다.

한 문장이 나를 깨우다

그동안 나에게 감동을 주었던 책들을 책상 위에 쌓아놓고, 정독하며 책 속의 멘토들이 어떻게 살아왔는지를 연구했다. 그러던 중, 한 편의 칼럼이 나를 얼어붙게 했다.

"여러분, '교육'을 거꾸로 읽어보세요.

'육교'가 되지요?

육교는 다리가 되어주고, 앞으로 나아가게 합니다.

오르기는 불편하지만, 안전하게 길을 건너게 해주죠.

그래서 교육은 육교와 같습니다."

지식생태학자로 알려진 한양대학교 유영만 교수님의 칼럼이었다.

"교육은 육교와 같다."

이 문장이 내 가슴 깊숙이 파고들었다.

라임도 좋았지만, 그보다도 강사의 역할과 지향점을 분명하게 보여주는 문장이었다.

그날 이후, 나는 강의를 시작할 때마다 이 문장을 소개했다.

"오늘 교육을 처음 접하는 분들도 있겠지만,

한 계단씩 오르다 보면

어느새 우리는 미래를 향해 다리를 건너고 있을 것입니다.

여러분, 저와 함께 다리를 건너보시겠습니까?"

그 순간, 강의실의 분위기는 180도 달라졌다. 청중은 귀를 기울이며 고개를 끄덕였다. 한 줄의 문장이 나의 일과 역할을 분명히 세우는 강한 힘이 되었다. 그 순간, 서로의 다리가 연결되는 것처럼 강의실 안에 변화의 에너지가 흐르는 것을 느꼈다.

마중물 문장의 힘

나는 이러한 문장을 '마중물 문장'이라 부른다. 마중물이란, 땅 속 깊은 물을 끌어 올리기 위해 펌프질을 할 때 필요한 시작의 물을 뜻한다. 마찬가지로, 마중물 문장은 생각의 압력을 높여, 마음 깊이 잠자던 무의식을 깨워낸다. 그 순간, 우리는 '아하!' 하는 깨달음을 얻는다.

"교육은 육교와 같다."

이 한 문장이 나의 마흔을 이끌었고, 강사의 길을 10년간 이어갈 수 있도록 해주었다. 그리고, 이 모든 변화는 한 수강생의 "좌우명이 뭐예요?"라는 질문에서 시작되었다.

결국, 이 문장은 방황하던 30대의 삶을 끝내고, 이전으로 돌아가지 않도록 나를 붙들어 준 말이 되었다.

이후, 나는 지역 강사에서 4년 만에 전국을 누비는 강사가 되었다. 그리고 어느새, 대학으로 다리가 놓였다. 취업을 준비하는 학생들에게도, 그들이 사회로 나아갈 '다리'가 필요했다. 나는 그들의 연결 고리가 되기 위해 현장에서 필요한 컨설턴트로 역할을 확장했다. 변화는 변화를 부르고, 가능성은 가능성을 연결해 주었다.

"교육은 육교와 같다."

이 문장을 외치는 사이, 나는 전국의 대학과 연결되고 있었다.

문제를 찾는 촉진자가 되다

여러 대학에서 강의를 하며, 나는 학생들을 변화시킬 또 하나의 마중물을 찾고 있었다. 기존의 취업 캠프는 대부분 일방적인 강의 위주였다. 외부에서 투입된 강사들이 나열식 강의를 이어갔다. 기업 경력자나 구직 설계 경험자가 주로 배정되었고, 강의는 정답과 미션들로 가득 차 있었다. 학생들은 하나라도 놓칠까 봐 집중했지만, 오후가 지나고 저녁이 되면 집중력은 급속도로 떨어졌다.

나는 환경부터 변화시켜야 한다고 생각했다. 소그룹 형태의 원형 테이블 배치를 건의했고, 강의계획서에는 그룹 토의를 포함했다. 결과는 파격적이었다. 이제 학생들은 거리낌 없이 자신의 생각을 말하기 시작했다. 토의식과 토론식을 접목한 방식은 기존 강의 효과보다 3배 이상 뛰어난 결과를 만들어냈다.

강의의 마지막, 나는 반드시 학생들에게 성찰의 시간을 제공했다.

"여러분, 오늘 배운 점과 느낀 점,

그리고 실천할 점을 적어볼까요?"

학생들은 저마다 고유한 생각을 적어나갔다.

"팀 활동을 통해 협력하는 방법을 배울 수 있어 좋았어요."

"낯선 환경이 부담스러웠지만, 새로운 친구가 생겨 좋았어요."

"자신감이 생겼고, 앞으로 더 긍정적으로 생각하려 합니다."

주어진 질문에 답하는 학생들의 눈빛이 달라졌다. 만족도가 높아졌고, 그 결과는 빠른 실행력으로 이어졌다.

국제코칭연맹(ICF)에서는 이러한 변화를 두고, '창조적 프로세스(creative process)'라고 말한다. 변화를 만들어가는 과정 또한 새로운 것을 창조하는 과정이기 때문이다.

삶의 목적과 방향을 세우고 나아가기 위해서는 인생의 '마중물'이 필요하다. 그것은 책에서, 강연에서, 대화 속에서 발견될 수 있다.

"강사님, 좌우명이 뭐예요?"

이 질문이 "교육은 육교와 같다."라는 문장을 만나 지금의 나를 만들었다.

이제, 우리만의 마중물을 찾아야 한다. 그 문장은 당신의 인생을 바꿀 수도 있으니까.

*

단 한 줄의 문장이 사람을 변화시키고,
나아가 삶 전체를 이끌어 줄 수도 있다.

‖7‖

마흔, 인생이 주는 선물을 받아들이다

마흔은 단순한 숫자가 아니라, 삶의 가치를 담고 있는 하나의 선물이다.

몇 해 전, 〈두 번째 스무 살〉이라는 드라마를 본 적이 있다. 제목부터가 인상적이었다. 마흔이 가까운 여주인공이 아들과 함께 대학에 입학하며 펼쳐지는 캠퍼스 라이프를 다룬 이야기였다.

이 드라마가 유독 기억에 남는 이유는, 나 또한 마흔이 되어 모교의 강단에 서게 되었기 때문이다. 게다가 나는 대학에서 지금의 아내를 만나 결혼했기에, '하노라'라는 주인공의 감정이 더욱 깊이 와닿았다.

강의를 위해 20년 만에 다시 찾은 대학 캠퍼스는 내 기억과는 사뭇 달라져 있었다. 낯익던 시위 현수막은 사라지고, 그 자리에는 화사한 정원과 대학의 위상을 알리는 현수막이 걸려 있었다. 익숙한 캠퍼스를 거닐며, 20년 전의 추억을 떠올리는 것만으로도 가슴이 두근거렸다.

그리고, 강단에 서는 순간—

나는 마치 '두 번째 스무 살'을 맞이한 것처럼 설렜다.

흔히들 마흔을 '불혹(不惑)'이라 한다. 그동안의 경험을 바탕으로 잘못된 것에 흔들리지 않고, 미혹되지 않는 나이. 그래서 마흔을 '경험의 나이'라고도 부른다. 드라마 속 하노라 역시 평범한 삶을 살아온 것은 아니었다. 스무 살에 덜컥 엄마가 되어, 평범한 주부로 살아오다 마흔이 되어서야 '두 번째 스무 살'을 살아가기로 결심한 것이다. 하지만 그녀의 선택은 쉽지 않았다.

입학을 앞두고 혼란에 빠졌고, 너무 늦은 나이라는 두려움과 주변의 반대가 그녀를 흔들었다.

그럼에도 불구하고, 예고 졸업생 친구들이 순수하게 학문을 갈망하는 모습을 보며 한 번 더 용기를 내기로 결심한다.

그러나 검정고시를 거쳐 추가 합격으로 턱걸이 입학을 했지만, 남편과 아들은 축하해 주기는커녕 강하게 반대했다. 결국, 하노라는 자신의 존재를 숨긴 채 학교에 다니게 된다.

나를 드러낼 용기

나 역시 대학 강단에 처음 섰던 날, 나의 존재를 모두 밝힐 수 없었다. 완벽한 학문적 자격을 갖추지 못했다는 자격지심이 올라왔기 때문이다. 혹시라도 나의 짧은 학력이 비웃음의 대상이 되지는 않을까 걱정스러웠다. 다행히 수업 분위기는 좋았고, 해가 갈수록 수강하는 학과가 늘어나면서 더 많은 학생들과 교류할 수 있었다.

한 주의 강의 시간이 점점 늘어나, 8시간이 넘어가자 거의 매일 학교에 출근하는 생활이 되었다. 꿈으로만 간직했던 대학 강단에 매일 서게 되자, 가슴이 벅차올랐다.

그렇게 한 학기가 끝나갈 무렵,

나는 조심스레 한 가지 고백을 준비했다.

"사실, 저도 여러분처럼 이 학교를 다녔습니다.

여러분의 선배입니다.

앞으로 선배로서 여러분을 끝까지 응원하고 싶어요."

순간, 강의실이 술렁였다. 학생들은 놀란 표정과 함께 환호했다. 그리고 나는, 유열의 노래 한 소절을 부르며 수업을 마무리했다.

"바로 지금, 지금 그대로의 모습으로 나에게 남아주오."

나는 학생들 곁에 남고 싶었다. 수업마다 최선을 다하며, 인생 선배로서 열정을 나누고 싶었다. 그렇게 나는, 나의 두려움을 드러내며 마흔을 넘어섰다. 그리고 그것이 진정한 성장이라는 것을 깨달았다.

나를 드러낸다는 것

그것은 타인의 시선을 감당할 용기가 필요하다. 하늘을 나는 나비가 되기 위해서는 고치 속에서 기다리는 시간이 필요하듯이. 나에게는 책을 쓰는 일이 그러했다. 8년 전, 처음 책을 쓰겠다고 다짐했지만, 나는 여전히 나를 드러내는 것이 두려웠다.

"내 부족한 학력과 지식이 드러나면 어떡하지?"

그 불안감에, 책을 쓰려다 수없이 멈춰 서기를 반복했다. 그렇게 8년이라는 세월이 흘렀다.

그리고 어느 순간, 나는 고치 속에서 조금씩 나비가 되어가고 있었다. 이제는 나만의 책을 쓰고 싶다는 마음이 생겼다. 세상에 나를 드러낼 용기가 생긴 것이다. 진정한 나를 만나는 순간, 드라마 속 하노라는 결국 학교를 그만두고, 본래의 마흔으로 돌아간다.

하지만, 그녀가 대학에서 보낸 시간은 결코 헛되지 않았다. 그 시간을 통해, 그녀는 지워졌던 스무 살의 자신을 되찾아갔다. 대학 축제의 마지막 무대에서, 하노라는 여전히 망설이고 있었다.

"과연 내 춤을 누가 봐주기나 할까?"

그때, 같은 학교의 겸임 교수이자 첫사랑이 그녀에게 말했다.

"누가 봐주냐고? 내가 봐줄게.

네가 추고 싶은 대로 춰봐."

그 말에 용기를 얻은 하노라는 마침내 무대 위로 당당히 걸어 나간다. 마치 둥지 밖을 두려워하는 어린 새가 첫 날갯짓을 하는 것처럼. 그리고, 허공을 향해 힘껏 뛰어오른다. 진정한 나를 찾은 그녀의 얼굴에는 뜨거운 눈물이 흐른다. 그렇게, 잃어버린 20년을 온전히 느끼는 감동적인 순간과 함께 드라마는 막이 내린다.

마흔, 나를 축하하는 시간

대학 수업을 멈춘 지 수년이 흘렀다. 하지만 그때의 기억은 여전히 자랑스럽고 소중한 추억으로 남아있다. 가끔 강의를 통해 학생들을 만날 때면, 마치 두 번째 스무 살이 다시 찾아온 듯한 설렘을 느끼곤 한다. 바로 자기 내면과 만나기 때문이다.

문제 해결의 과정에서 코칭은 고객의 존재를 묻는 질문을 포함한다. 단순히 문제를 해결하는 것을 넘어 성장에 초점을 맞추기 때문이다. 그렇기에 코칭은 고객 자신이 있어야 하는 상태를 회복하고, 새로운 가능성을 발견하도록 돕는 과정이다.

그만큼 코칭을 통해 우리 자신을 바라보는 방식이 바뀌고, 잊고 있던 나를 다시 찾아가는 여정을 시작하게 된다. 자신이 진정으로 원하는 것과 원하는 목표를 이루어가는 자신만의 방식을 찾게 될 때, 비로소 우리는 삶의 주도권을 되찾게 된다.

마흔이라는 나이를 어떻게 바라보느냐에 따라 남은 삶의 방향도 달라진다. 이제, 우리에게 주어진 마흔을 돌아보며, 그동안의 성장을 축하하는 시간을 가져보자.

*

마흔이란 숫자에는 새로운 성장의 기회가 숨겨져 있다.
이 시기를 어떻게 받아들이느냐에 따라 남은 인생이 달라진다.

8

보여지는 삶이 아닌, 빛나는 삶으로

마흔은 겉으로 보이는 모습이 아니라,
내면의 가치가 드러날 때 진정으로 빛날 수 있다.

어느 날, 아내가 내게 말했다.

"머리 스타일을 좀 바꿔보는 게 어때요?"

이유를 물으니, "대학생들을 만나는 사람이 젊어 보여야 관심도 높아진다."라는 것이었다.

일리가 있었다. 하지만 선뜻 내키지는 않았다. 오랫동안 유지해 온 2:8 가르마 스타일이 지난 나의 경력을 상징하는 것처럼 느껴졌기 때문이다. 그럼에도 불구하고, 아내의 거듭된 설득 끝에 미용실을 찾았다.

달라진 스타일에 대한 반응은 예상보다 좋았다.

"새롭고 신선해 보여요."

옷 스타일도 조금씩 바꾸어나갔다. 신기하게도, 이미지 변화가 학생들과의 소통에도 긍정적인 영향을 주는 듯했다. 그 무렵, 나는 또 하나의 새로운 선택을 앞두고 있었다.

바로 대학원 진학이었다. 좀 더 체계적인 성장을 이루고 싶었고, 나의 부족한 점을 극복해 다가오는 세대에 부끄럽지 않은 교수자가 되고 싶었다. 조나단의 비행처럼 2년간의 배움은 비상을 위한 확실한 투자라고 믿었다.

상담을 접하다, 그리고 나를 만나다

주말 대학원 과정 중 '코칭심리학과'라는 학과가 눈에 들어왔다. 당시로서는 다소 생소한 학문이었지만, 리더십과 교육을 함께 연구하고 싶었던 나에게 상담을 기반으로 한 코칭심리학과는 매력적으로 다가왔다. 그렇게 나는 대학원에 진학했고, 첫 학기 상담심리학 수업을 수강했다.

첫 실습 과제는 10회기 상담을 직접 받아보고, 경험 보고서를 제출하는 것이었다.

"여러분, 직접 상담을 받아본 후에, 그 경험을 기록해서 제출해 주세요."

수업이 끝난 뒤, 나는 인턴 상담사와 매칭되었고, 첫 만남을 가졌다.

"백 선생님, 오늘 첫 상담인데요.

혹시 나누고 싶은 이야기나 해결하고 싶은 주제가 있으신가요?"

순간, 머릿속이 복잡해졌다. 깊이 생각해 본 적 없는 질문이었기에, 나는 긴장된 채 횡설수설하다가 첫 시간을 마쳤다. 그러나 두 번째 상담부터는 진짜 이야기해 보기로 결심했다.

단순한 형식적인 상담이 아니라, 나 자신을 깊이 들여다보는 시간이 되어야 한다고 생각했기 때문이다.

나는 상담을 통해 30대의 후회와 아픈 과거를 꺼내놓기 시작했다. 놓쳐버린 기회들, 이전 직장에서의 좌절과 고민들…. 그동안 말하지 못했던 이야기들을 털어놓자, 마음이 한결 가벼워졌다. 몇 회기가 지나자, 나는 상담이 기다려질 정도로 몰입하게 되었다.

그날도 깊은 대화를 나누던 중, 상담사님이 조심스럽게 입을 열었다.

"굉장히 노력하며 살아오신 것 같아요.

지금까지 살면서 가장 중요하게 여겨온 가치는 무엇인가요?"

나는 순간 말을 잃었다. 머릿속에서 생각만 맴돌 뿐, 뾰족한 답이 떠오르지 않았다.

그러자 상담사가 다시 말을 이었다.

"제가 들었을 때, 백 선생님은 정상에 오르고 싶을 만큼 '지속적인 성장'을 중요하게 여기시는 것 같아요. 맞나요?"

"네, 맞아요."

나는 고개를 끄덕였다.

"그리고 책임을 다하지 못한 상황에 안타까움을 느끼고 계신 듯해요.

또, 사람들과의 관계를 정말 소중하게 여기시는 것 같아요."

그제야 깨달았다.

'아, 그래서 내가 그렇게 행동했던 거구나.'

나는 그동안 실패한 선택이라고만 여겼던 일들이, 상담받고 나니 내가 중요하게 여기는 가치 때문이었다는 것을 이해하게 되었다.

그날, 나는 처음으로 나 자신에게 미안한 마음이 들었다.

'나는 부족한 사람이어서 실패한 게 아니었다.

그저 내 삶의 기준과 가치에 따라 선택했던 것뿐이었다.'

그 순간, 나는 내 감정이 봉인 해제되듯 눈물이 날 것만 같았다.

보여지는 삶이 아닌, 빛나는 삶으로

그날 이후, 나는 나의 행동을 가치관의 관점에서 새롭게 바라보기 시작했다. 그러자 완전히 새로운 방향이 보였다. 무엇을 기준으로 행동하고 결정해야 할지 깨닫자, 그동안 느꼈던 두려움이 사라졌다. 진정한 자기다운 삶은 '가치에 따른 삶'이었다.

나는 내 핵심 가치를 3가지로 정리했다.

□ 성장 | □ 관계 | □ 책임

상담에서 얻은 깨달음을 실천하기 위해, 나는 내가 맡은 '자기 계발과 리더십' 교양수업에서 학생들과 마음껏 경험을 나누었다. 사회적 성공을 위해 스펙 쌓기에 매달리는 대학생들에게, 나는 인생의 '의미'와 진정한 '협력'의 가치를 전하고 싶었다.

"여러분, '자기 계발'이 되려면 '자기 개발'이 되어야 합니다.

자기계발(自己啓發)은 외부에서 얻는 지식으로 잠재하는 자기의 슬기나 재능을 깨웁니다.

외국어 공부나 자격증 취득처럼요.

하지만, 그것이 본인의 기술이나 능력을 발전시키는 진짜 자기개발(自己開發)이 되려면 나 자신을 깊이 이해하는 과정이 선행되어야 합니다."

내가 말하는 동안, 학생들의 태도가 변해 갔다. 처음에는 조용하던 학생들이, 조금씩 자신의 생각을 말하기 시작했다. 동료들과 의견을 나누며 스스로 성장하는 과정을 경험하고 있었다.

기말고사 날, 한 학생이 시험지 뒤편에 짧은 메시지를 남겼다.

"교수님, 수업이 끝난 뒤에도 제 이야기를 들어주시고 조언해 주셔서 감사합니다. 미래가 불안하고 막연했는데, 무엇을 원하는지 고민하면서 새로운 도전이 하고 싶어졌어요. 중요한 것은 '보여지는 것'이 아니라 '내가 느끼는 것'이란 걸 배웠습니다."

쪽지를 읽다가, 가슴 깊은 곳에서 뭉클한 감동이 밀려왔다.

"진정한 성장은 겉으로 보이는 '외양(外樣)'이 아니라 내면에서 빛나는 '외향(外向)'으로 나아가는 것이다."

과거의 나는 2:8 가르마, 자격증, 스펙이 나를 증명해 줄 것이라 믿었다. 그러나 이제는 안다.

진짜 중요한 것은, 나의 가치와 비전을 바탕으로 '나만의 외향'을 만들어가는 것이라는 걸.

"인생의 가치는 겉모습이 아니라 내면의 빛에서 드러난다."

나비는 날개를 가진 순간 비로소 진정한 나비가 된다.

우리도 마찬가지다. 자신만의 가치를 깨닫고, 그 가치를 바탕으로 세상을 빛을 발할 때, 우리는 진정한 비상을 하게 된다.

*

우리는 타인의 시선이 아닌, 진정한 나 자신으로 살아가야 한다.

PART 2

한계의 파도를 넘어서 비상하라

두 번째 비행: 위기를 돌파하는 법

조나단은 인간관계를 배우며 성장해 간다. 상대를 존중하는 태도를 실천하고, 거절할 수 없는 제안으로 현장의 위기를 극복한다. 그는 실패를 더 큰 기회의 발판으로 삼고, 자신만의 성공 하우스를 차근차근 만들어간다. 이제, 내 안의 존재를 찾아 떠나는 여행을 시작해 보자.

"날 수 있다고 무작정 믿는 것은 금물이야."

"나는 데는 신념이 필요 없어.
이제 너에게 필요한 것은 '난다는 것'을 이해하는 일이야.
이해하는 것과 난다는 것은 같은 것이다.
자, 다시 한번 해봐."

리처드 바크, 『갈매기의 꿈』 중에서

1

인간관계로 위기를 대비하라

내가 보는 나와 남이 보는 나 사이에 충돌이 일어날 때,
그 차이를 조절하는 85%는 인간관계의 힘에서 나온다.

30대 후반, 나는 잡○○○에서 일하며 채용 공고를 담당하고 있었다. 기업 영업에 열정을 쏟고 있었던 어느 날, 예상치 못한 위기가 찾아왔다. 함께 일하던 여직원 세 명이 돌연 사직서를 제출한 것이다. 이유는 더 충격적이었다.

"더 이상 백 과장님과는 함께 일할 수 없습니다."

나는 충격에 휩싸였다. 출퇴근도 같이하며 특별한 갈등도 없었기에, 이들이 퇴사를 결심한 이유를 도무지 알 수 없었다. 시간이 지날수록 자책하는 날들이 늘어났다. 거듭 스스로에게 물었다.

'대체 내가 무엇을 잘못한 걸까?' 하지만, 그 답을 찾을 수 없었다. 결국, 나는 사직서를 내기로 결심했다.

예기치 못한 깨달음

평소보다 일찍 출근한 사장님을 보고, 나는 사직서를 꺼내려 했다. 그때, 사장님이 먼저 말을 건넸다.

"백 과장, 잠깐 차 한잔할까?"

사장님의 표정은 의미심장했다.

"이번 일은 나도 힘들지만, 자네도 많이 힘들었겠지?

그런데 말이야, 알고 보니 이건 계획적인 집단 퇴사였더라고."

사장님은 이미 퇴사한 직원들을 붙잡아 보려 했지만, 그들의 행동이 의도된 것이었음을 알게 되었다고 말했다.

"채용 공고를 올리고 다시 사람 뽑자고!"

그 한마디에, 눈물이 왈칵 쏟아질 것 같았다. 사장님이 나를 믿어준다는 사실이, 상처 입은 내 자존감을 단번에 회복시켜 주었다.

'다시는 같은 실수를 반복하지 않을 것이고 사장님께 내 역량을 제대로 보여드리겠다.'

그날 나는 결심했다.

채용 공고를 올리자, 이력서가 속속 도착했다. 가장 시급한 것은 웹디자이너 채용이었다.

그러나 여러 명을 면접 본 끝에도, 쉽게 적합한 인재를 찾을 수 없었다.

'그렇다면, 이번 면접은 다르게 진행해 보자.'라고 생각하고 면접을 다르게 진행하기로 했다.

내가 주로 이야기하고 나중에 의견을 듣는 방식이 아닌, 지원자의 이야기를 충분히 듣는 방식으로 바꾸었다. 데일 카네기의 인간관계 원칙 중 하나인 "좋은 경청자가 되라."는 조언을 떠올리며, 지원자의 성장 과정과 앞으로의 목표를 듣는 데 집중했다.

그 결과, 한 지원자와 깊은 대화를 나누게 되었다. 그는 최종적으로 다른 기관에서 근무하기로 결정했지만, 나와 함께 일하지 못함을 못내 아쉬워했다. 나는 그에게 응원의 메시지를 보냈다.

팀을 변화시키는 작은 노력

어렵게 뽑은 웹디자이너와 영업 직원에게, 나는 내가 배운 인간관계 원칙을 실천하기 시작했다. 먼저, 칭찬과 감사로 대화를 시작했다.

"은경 씨, 오늘 디자인 너무 좋은데요!

갈수록 더 좋아지고 있어요."

"채용 공고 내용이 깔끔하네요.

색상도 잘 어울리고요."

영업을 담당하는 직원도 짧게나마 긍정적인 반응을 보였다.

"네, 감사합니다."

업무 능력이 성장해 가는 직원들에게, 나는 작은 변화에도 격려를 아끼지 않았다.

그러나 실수는 피할 수 없는 법이었다. 어느 날, 직원의 실수를 발견하고 어떻게 고쳐주어야 할지 고민되었다.

그때, 내가 늘 휴대하고 다니던 리더십 원칙 카드에서 한 문장을 발견했다.

"상대방을 비평하기 전에, 자신의 잘못을 먼저 인정하라."

다음 날, 나는 이 원칙을 적용해 보기로 했다.

"어제 은경 씨가 실수한 건, 사실 내 잘못도 있어요.

내가 좀 더 구체적으로 설명했어야 했는데,

두리뭉실하게 전달한 게 원인이었죠."

순간, 내가 실수를 인정하는 게 과연 맞는지 의구심이 들었지만, 곧바로 예상치 못한 반응이 돌아왔다.

"아니에요, 과장님.

제가 한 번 더 확인했어야 했는데

혼자 판단하고 진행해서 그런 것 같아요.

다음부터는 꼭 여쭤보고 하겠습니다."

나는 깜짝 놀랐다.

'사람이 이렇게도 달라질 수 있구나!' 하는 것을 직접 경험하니 놀랍기까지 했다. 실수를 지적하는 대신, 내 잘못도 함께 인정했을 뿐인데, 직원의 태도가 완전히 바뀌었던 것이다.

이후부터, 나는 팀원의 실수를 추궁하기보다는 내가 먼저 1%라도 책임을 공유하는 방식을 택했다. 그 결과, 6개월이 지나자 팀 분위기가 눈에 띄게 달라졌다.

1년이 지나, 나는 사장님께 웹디자이너 은경 씨를 '주임'으로 승진시킬 것을 건의했다.

"사장님, 은경 씨가 웹디자인뿐만 아니라 결산 업무까지 겸직하고 있습니다. 현재 기여도를 고려해 직책을 높여주면 어떨까 싶습니다."

사장님은 고민하셨지만, 내가 급여 조정까지 별도로 조율하겠다고 하자, 결국 승인을 내주셨다.

그렇게 은경 씨는 '주임'이 되었고, 그 이후 업무 숙련도와 적극성은 3배 가까이 배가되었다.

그녀는 웹디자인, 결산 평가, 영업 목표 수립까지 1인 3역을 해내는 멀티플레이어로 성장했다. 한때 조직 해체 위기에 놓였던 팀은, 이제 서로를 신뢰하는 강한 팀이 되어 있었다.

인간관계가 삶을 바꾼다

이듬해, 나는 잡○○○를 퇴사하고 오랜 꿈이었던 강사의 길을 걷기 시작했다. 강사가 된 이후에도, 나를 변화시킨 인간관계 실천법을 지속적으로 적용하고 싶었다. 그렇게 탄생한 것이 바로 '133 훈련법'이다.

133 훈련법

- 매일 하나의 인간관계 원칙을 학습한다.
- 당일 만나는 세 사람에게 해당 원칙을 실천한다.
- 한 달 동안 총 30개의 원칙을 적용하는 것을 목표로 한다.

나는 매일 날짜에 맞춰 카네기 인간관계 원칙을 한 가지씩 익혀나갔고, 그날 만나는 세 사람에게 의식적으로 실천하며 훈련을 이어갔다.

이 간단한 연습을 통해, 나는 인간관계의 중요성을 머리가 아닌 가슴으로 깨닫게 되었다. 나는 마흔을 준비하는 이들에게 꼭 한 가지만 조언한다면, 주저 없이 '인간관계의 기술'을 익히라고 말하고 싶다. 서로의 관계를 다시 세우는 것이 문제 해결의 첫걸음이기 때문이다.

"상대방의 견해를 존중하라. 결코 '당신이 틀렸다'고 말하지 말라."

— 데일 카네기

*

인생의 위기에서 우리를 지켜주는 것은 결국 사람과의 관계다.

코칭은 코치와 고객의 관계에서 시작된다.

2

존중이라는 마법을 활용하기

존중받지 못할 때, 우리는 열등감을 느끼고
지지와 격려 속에 있을 때, 효능감이 커진다.

강사로 첫발을 내디딘 지 두 달쯤 되었을 때, 한 통의 전화를 받았다.

"백용식 강사님 맞으시죠?"

"저는 군산 교도소에 근무하는 박성현(가명)입니다. 소개받고 연락드렸습니다."

'교도소?'

낯선 곳에서 온 전화에 순간 당황했다. 그런데 더 놀라운 사실은 그 강사 자리를 추천해 준 사람이 예전 회사에서 면접을 보았던 지원자였다는 점이었다.

"면접 때 백 과장님과 나눈 리더십 코스 이야기가 인상 깊었어요.
그래서 강사 추천할 때 바로 떠올랐죠!"

그제야 나는 마음을 놓았다.

"아, 네. 감사합니다. 혹시 어떤 교육이 필요하신가요?"

교도관님은 기존의 강의가 항상 같은 형식으로 반복되어 이번에는 참여 형태의 리더십 강의를 원한다고 말했다. 나는 곧장 강의계획서를 작성했다. 여러 번 수정하며 가장 효과적인 방식을 고민했다. 그런데 계획서를 보내고도 한 주가 지나도록 연락이 없었다.

'교육이 그렇게 쉽게 결정되는 일이었나?' 현실을 떠올리며 조금 더 기다려보기로 했다. 그리고 마침내 연락이 왔다.

"강사님, 오래 기다리셨죠? 내부 결재가 좀 길었습니다.

그런데 혼자서 4시간씩 5일 연속 강의가 가능하실까요?"

"네, 물론 가능합니다."

나는 속으로 쾌재를 부르며 기꺼이 수락했다. 너무 기쁜 나머지, 선배 강사에게 바로 알렸다.

"선생님, 강의 요청이 왔어요! 그것도 20시간이나 됩니다."

"정말 잘됐네요. 축하해요!"

교도소에서 마주한 현실

강의는 2주 뒤, 햇살이 따스한 4월의 봄날에 시작되었다. 군산교도소에 도착하자, 잘 정돈된 화단이 보였고, 주변은 고요했다. 건물 앞에 서자, 철창문이 가로막고 있었다. 넘을 수 없는 성벽처럼 느껴졌다. '내가 정말 이곳에서 강의를 잘할 수 있을까?' 인터폰으로 신원을 확인한 뒤, 문이 열리고 소지품 검사가 이어졌다. 그다음은 신체검사, 그리고 강의실로 이동했다.

문이 열리자, 안에서 수용자들이 분주히 움직이고 있었다.

'이들과 어떻게 눈을 마주쳐야 할까?' 나는 바닥만 응시한 채 강의실로 들어갔다. 그리고 속으로 스스로를 다독였다. '이곳은 특별한 곳이 아니다. 단지 내가 처음 온 곳일 뿐이다. 오늘, 내 역할에만 충실하자.'

수용자분들의 호칭을 '선생님'으로 통일했다. 출석부에서 죄명은 가리고, 이름에 '선생님'을 붙여 불렀다. 낯선 호칭에 몇몇 분이 어색해하는 표정을 지었다.

"이번 교육에서는 '선생님'이라는 호칭을 사용하겠습니다. 혹시 불편하시더라도 양해 부탁드립니다."

최대한 정중하게 인사를 드린 후, 첫 강의를 시작했다. 주제는 '호감 받는 대화법'이었다. 그러나 첫날부터 예상치 못한 거센 반응이 돌아왔다. 강의가 끝나갈 무렵, 한 교육생이 손을 번쩍 들며 말했다.

"강사님, 저는 이 교육 못 받겠습니다. 왜 자꾸 서로를 불편하게 하십니까?"

벼락같은 거절이었다. '이러다 강의가 통째로 취소되는 거 아닐까?' 나는 본능적으로 비상 상황을 감지하고 일단 상황을 진정시키는 데 집중했다.

"선생님 마음 잘 알겠습니다.

잠깐 휴식을 갖고, 담당자님과 상의해서 결정하겠습니다."

더 듣기 불편한 분이 있는지 물었다. 그랬더니 3명이 더 손을 들었다. 이유를 묻자,

'사적인 이야기들이 포함된 대화가 불편했다.'는 답이 돌아왔다.

그제야 내 실수를 깨달았다. 나는 깊이 사과했다.

"제가 그 점까지는 미처 생각하지 못했습니다. 정말 죄송합니다."

그리고 강의 자료를 조용히 정리하기 시작했다. 이제 교육은 끝났다고 생각했다. 그때, 한 교육생이 손을 들었다.

"강사님, 저는 교육을 받겠습니다. 듣기 싫은 사람은 안 하면 되니까, 희망자만 듣는 게 어떻습니까?"

그 한마디가, 다시 강의를 이어갈 수 있는 계기가 되었다.

위기 속에서 발견한 기회

우여곡절 끝에 첫날 강의는 마무리되었다. 그리고 5일간의 교육을 무사히 끝냈다.

마지막 날, 나는 한 분 한 분 고개 숙여 감사의 인사를 전했다. 그리고 처음 강의 신청을 한 교육생에게 다가가 물었다.

"선생님, 첫날 교육을 받겠다고 손을 드신 이유를 여쭤봐도 될까요?"

그분은 나의 태도 때문이라고 답했다.

"강사님이 우리를 대하는 태도가 달랐어요.

훈계조도 아니었고, 교화시키려 하지도 않았어요. 참여형 강의 방식도 좋았고, 무엇보다 오랜만에 '인정 어린 말'을 들으니 마음이 따뜻해졌어요."

나는 벅찬 감정을 느끼며 그분을 배웅했다. 그날의 경험은 강사로서 내 태도를 새롭게 정립하는 계기가 되었다.

그 후로 2년 넘게 군산 교도소에서 강의를 맡게 되었다. 웬만한 돌발 상황에도 당황하지 않고 미소 지을 만큼 성장했다. 나는 이 경험을 바탕으로, 대학생들에게도 '선생님'이라는 호칭을 사용하기 시작했다. 그러자 학생들은 '존중받는 느낌이 든다.'라며 강의에 더욱 집중하는 모습을 보였다.

코칭에서도 고객과 호칭을 합의한다.

"제가 어떻게 불러드리는 게 편하세요?"

이 짧은 질문 하나가, 신뢰감을 높이고 관계를 더욱 친밀하게 만들어 준다.

그날의 위기 속에서 나를 구한 것은, 뛰어난 강의 스킬이 아니라, '상대방을 대하는 존중의 태도'였다.

일을 하기 전에, 마주한 사람을 먼저 보라. 그리고 스스로에게 질문해

보자.

"내가 지금, 이 사람을 진심으로 존중하고 있는가?"라고 말이다.

인생은 태도가 곧 성취라고 말하듯 존중하는 태도는 사람의 변화를 이끈다.

*

타인을 존중하는 태도는, 상대뿐만 아니라 자신의 가치를 높이는 일이다.

‖3‖

거절할 수 없는 제안을 준비하라

거절이란, 실패로부터 배우는 성공의 비결이다.
거절 속에는 세상을 바꾸는 힘이 있다.

며칠이 지나고 나서 다시 그날을 떠올렸다. '나는 왜 그 강의를 거절하지 못했을까?' 단순히 돈을 벌기 위한 목적 때문만은 아니었다. 그 수강생이 보여준 단호한 결기(決起) 속에는 무언가 특별한 힘이 있었다.

"강사님, 저는 교육을 받겠습니다."

그 한마디에 나도 모르게 마음이 움직였다. 며칠 뒤, 일기를 쓰다가 그 이유를 깨달았다. 그것은 바로 학습과 성장의 기회를 놓치고 싶지 않은 '열망'이었다. 그 열망이 내 가슴까지 전해졌기에, 그날의 수치심과 당혹스러움 속에서도 나는 끝까지 거절할 수 없었다. 어쩌면, 그 수강생의 용기가 나에게는 간절한 요청으로 들렸던 것인지도 모른다.

예상치 못한 요청

첫 강의가 끝나고 일주일쯤 지났을 때, 교도소 주무관님께 다시 전화가 왔다.

"강사님, 혼자 진행하느라 힘드셨죠?"

"아닙니다. 당연한 일인데요. 괜찮습니다."

그런데, 뜻밖의 제안을 하셨다.

"추가로 교육을 계속하고 싶은데 가능하실까요?"

나는 망설임 없이 수락했다.

그러나 이어지는 말에서 충격적인 사실을 알게 되었다.

"강사님, 프로그램 만족도 평가에서 평균 점수에도 미치지 못하는 낮은 점수가 나왔습니다."

'역시, 예상했던 대로다….'

"그래서 원래라면 대체 강사로 변경하는 게 맞지만, 한 가지 항목에서 최고점을 받으셨어요."

나는 긴장하며 숨을 삼켰다.

"강사 만족도 점수는 지금까지 어떤 강사님보다 최고점을 받으셨습니다."

마치 롤러코스터를 타는 기분이었다.

순간 가슴이 먹먹해졌다.

나는 고개를 숙여 감사의 인사를 전했다.

“정말 기회를 주셔서 감사합니다.”

그리고 다음 강의에서는 교육 내용을 바꿔 진행하자고 제안했다. 전화를 끊고 나서, 나는 강의 내용을 하나하나 점검하기 시작했다.

‘무엇을 개선하면 좋을까?’ 며칠 동안 자료를 찾고, 필요한 동영상을 확보하기 위해 동료 강사에게 도움을 구했다. 그때 발견한 자료가 ‘빌 포터 이야기’였다.

빌 포터의 거절할 수 없는 제안

빌 포터는 뇌성마비 장애를 안고 태어났다. 여러 차례 취업에 도전했지만, 번번이 실패했다. 그러던 어느 날, 생활용품 회사에서 그를 거절하려 하자, 빌은 담당자에게 간절한 요청을 했다.

“제발 저를 가장 힘든 지역으로 보내주세요. 아무도 원하지 않는 곳으로 절 보내주세요.”

이 말 앞에서, 회사도 더 이상 거절할 수 없었다. 그렇게 빌 포터는 채용되었다.

그날부터 그는 쉬지 않고 고객의 집을 방문하며 상품을 알렸다. 처음에는 성과가 없었지만, 포기하지 않았다. 그는 장애를 바라보는 동정심조차도 단호히 거절했다. 누군가의 도움 없이, 스스로 독립하고 싶었기 때문이다. 매일 어머니가 싸준 도시락 샌드위치에는 한 단어가 적혀 있었다.

"인내(Patience)."

샌드위치를 뒤집어 보니 반대쪽에도 같은 단어가 쓰여 있었다.

"끝까지 인내(persistence)…."

그는 그 한마디를 가슴에 새기며 숱한 거절 속에서도 하루도 빠짐없이 고객을 찾아갔다. 빌은 거절을 '더 좋은 상품으로 다시 와달라는 신호'로 여기며 무려 24년간 성실하게 일했다.

결국, 그는 와튼사(社)의 영업 왕이 되었고, 판매의 전설로 남았다.

나는 이 영상을 보며 가슴이 뜨거워졌다. 그리고 나 역시 '거절할 수 없는 제안'을 해보기로 결심했다. 매일 강의가 끝난 후 설문을 통해 강의 평가를 받기로 했다.

"여러분, 오늘 강의는 어떠셨나요? 설문지에 체크해 주시면 감사하겠습니다."

□ 강의 내용에 만족하셨나요?

□ 강의장 분위기는 어땠나요?

□ 강의 주제가 도움이 될 것 같나요?

마지막으로, 주관식 항목을 추가해 솔직한 후기를 남길 수 있도록 했다. 수강생들의 날카로운 피드백을 보며 때로는 상처를 받기도 했다. 하지만 그 덕분에, 나는 교육생들의 생각을 제대로 파악할 수 있었다.

그렇게 3개월이 지나자, 나는 강의 만족도를 점차 높여갈 수 있었다.

그리고 어느 날, 한 교육생이 나에게 다가와 뜻밖의 부탁을 했다.

"강사님, 혹시 집 주소를 알려주실 수 있을까요?"

솔직히, 순간 당황했다. 그러나 조심스럽게 답변했다.

"죄송합니다. 강의 서약서에 따라 신상 정보는 공개할 수 없습니다."

하지만 그분은 너무 간절하게 요청했다.

나는 담당자의 허락을 받은 후, 조심스럽게 주소를 알려드렸다. 그리고 3개월 뒤, 한 통의 편지가 도착했다.

편지 속 한마디가 전한 울림

편지에는 출소를 앞둔 수강생의 진심 어린 마음이 담겨 있었다. 나는 한 줄, 한 줄을 읽으며 눈을 뗄 수 없었다.

백용식 강사님께.

저는 지금까지 수많은 교육을 받았습니다.

이번에도 다른 교육과 다르지 않을 거라 생각했습니다.

그런데 강사님의 강의는 달랐습니다.

들으면 들을수록 생각이 바뀌고, 마음이 요동치는 것을 느꼈습니다.

교육이 진행될수록, 저의 태도도 변하고 있었습니다.

그리고 3일간의 교육이 끝나는 날, 저는 결심했습니다.

'출소 후, 이루지 못했던 꿈을 반드시 이루겠다.'

모두 강사님 덕분입니다.

감사합니다.

나는 그의 마음을 되새기며 편지를 읽고, 또 읽었다. 그리고 한 사람의 '결심'이 얼마나 위대하게 다가오는지 배웠다. 그분이 내게 남겨준 편지는 지금도 내 가방 속에 있다. 가끔 마음이 흔들릴 때마다 꺼내 읽는다. 그렇게, 초보 강사를 성장시킨 2년간의 교도소 강의는 '좌절'을 견디고 이긴 또 하나의 모험이었다. 그 모험 속에는 거절할 수 없는 제안이 있었다. 그리고 성실을 통해 그 제안은 상대의 닫힌 마음을 열고 거절의 벽까지 허물게 되었다.

*

성공한 사람들은 단순히 노력하는 것이 아니라,

상대가 거절할 수 없는 제안으로 벽을 허물고 기회를 만든다.

4

실패가 찾아오는 사람은 따로 있다

실패는 시도한 사람에게 온다. 시도하지 않으면 실패조차 경험하지 못한다.
그러나 실패의 경험 속에서 우리는 점차 유능해진다.

우리 속담에 '소 잃고 외양간 고친다.'는 말이 있다. 후회하지 않도록 미리 대비하라는 뜻이다. 그런데 문제는, 소가 나가기 전에는 어디가 문제인지 알아내기 어렵다는 것이다. 서른일곱, 그 당시 나는 스스로를 괜찮은 관리자라고 생각했다. 그러나 직원들의 퇴사를 경험하며 나는 나의 부족함을 비로소 깨닫게 되었다. '소가 빠져나간 뒤에야 울타리의 허점이 보였다.'

나는 부족한 관리자였다. 직원들의 마음을 얻는 데 급급했고, 뒷말이 무서워 싫은 소리도 하지 못했다. 정작 그들의 성장을 위해 목표를 제시하거나 이끌어주지도 못했다. 사실, 그 당시 나 스스로도 업무 성과를 내지 못하며 방황하고 있었다.

그제서야 깨달았다. '관리자로서 역량을 높이는 것이 우선이다!'

다시는 같은 실패를 반복하지 않기 위해 성공 노트와 실패 노트를 만들고 수시로 나를 점검했다. 과거의 실수를 교훈 삼지 않으면 실패는 반복된다. 그러나 우려는 현실이 되었다.

또 다른 실패, 독서 모임의 위기

강사로서 활동하며 어느 날 문득, 혼자 공부하는 것의 한계를 느꼈다. 그리고 예전에 익산에서 활발히 활동했던 독서 모임이 그리워졌다. 그래서 다시 모임을 만들기로 구상했다. 나는 주변 지인들에게 의견을 물었다.

"독서 모임을 만들고 싶은데, 함께하실래요?"

"좋아요! 저도 참여할게요."

예상보다 신청자가 많았다. 모임 방식은 전국에 모임을 가지고 있는 나비 독서법의 본깨적(본깨적: 본 것 → 깨달은 것 → 적용할 것)을 도입하기로 했다.

약 한 달간 준비한 후, 2016년 6월 18일, '전주 나비 독서 모임'의 첫 모임이 열렸다.

반응은 뜨거웠다.

"모임 방식이 신선하고, 모두가 참여할 수 있어서 좋아요!"

기존의 획일적인 독서 모임과는 달랐기에, 회원들의 만족도가 높았다.

순조로운 출발과 함께 모임을 시작한 지 3개월 만에 회원 수가 20명을 넘었다. 1년을 맞을 즈음에는 30명 규모의 모임으로 성장했다. 모임이 끝난 후에도 서로 헤어지기 아쉬워할 정도로 분위기가 좋았다.

그러나 1년 반이 지나면서 예상치 못한 위기가 찾아왔다. 어느 날부터 신입 회원이 나오지 않기 시작한 것이다. 처음에는 단순한 개인 사정인 줄 알았다. 그런데 한 달이 지나도록 참석하지 않자, 나는 신입 회원에게 직접 이유를 물었다.

"거리가 멀어서가 아니라, 모임 이후의 뒤풀이가 너무 부담돼서 못 나갔어요."

나는 깜짝 놀라 되물었다.

"그게 무슨 말씀이세요?"

신입 회원은 독서 모임이 끝난 후, 점심을 함께하고, 오후까지 함께 있다가 늦게 귀가했다는 것을 털어놓았다.

그리고 처음 참석한 자리에서 거절하기 어려웠다고 말했다.

"주말인데, 가족들에게도 미안하고 부담이 컸어요."

나는 그제야 신입 회원이 떠난 이유를 깨달았다.

소를 잃고 나서야 보이는 것들

회원 이탈이 시작되자, 나는 모임 시간을 조정하기로 했다. 기존에 점심 이후까지 이어지던 일정이 되지 않도록 점심 전에 종료하는 일정으로 변경했다. 그러나 예상과 달리, 기존 회원들의 불만이 커졌다.

한 달쯤 지나자, 몇몇 기존 회원들이 하나 둘 이탈하기 시작했다. 그뿐만 아니라, 새로운 나비 독서 모임이 만들어지면서 분리되기에 이르렀다. 나는 믿었던 회원들의 이탈에 깊이 흔들렸다. 상실감이 커서 강의 중에도 멍하니 창밖을 바라볼 때가 많았다.

'다시 연락해 볼까?'

'다시 모여달라고 요청할까?'

하루에도 몇 번씩 고민했지만, 이미 떠난 회원들을 억지로 붙잡고 싶지는 않았다. 결국, 한 달간 모임을 중단하고 재정비 시간을 갖기로 했다.

실패를 통해 얻은 깨달음

나는 생각했다. '어디서부터 잘못된 걸까?' 그러다 불현듯, 과거 직장에서 직원들이 퇴사했던 순간이 떠올랐다. 그때처럼, 나는 또다시 소를 잃고 외양간을 고치고 있었다. 그러나 이번에는 똑같은 실수를 반복하지 않겠다고 다짐했다. 그리고 스스로에게 질문을 던졌다.

'회원들은 왜 독서 모임에 참여하는 걸까?' 나는 직접 회원들에게 전화를 걸어 의견을 물었다.

"독서 모임에 나오시는 목적을 여쭤봐도 될까요?"

"저는 책을 제대로 읽는 법을 배우고 싶어서 참여했어요."

"저는 스피치 능력을 키우고 싶어서 왔어요."

회원들의 대답을 들으며 나는 정확한 답을 찾을 수 있었다.

결국, 회원들이 원하는 것은 '책을 통해 변화하고 성장하는 것'이었다. 나는 모임의 목적을 분명히 해야 한다고 결심했다. 그래서 독서가 중심이 되도록 '모임'을 뺀 이름으로 바꾸었다.

(전주 나비 독서 모임 → 전주 나비 독서)

뒤풀이는 하지 않기로 원칙을 정했다. 그 후, 모임은 다시 활기를 찾았고, 올해로 8년째를 맞이하고 있다. 여전히 모임의 본질은 '책'이다. 어떤 행사나 이벤트도 책을 중심으로 진행된다.

실패란, 성장하기 위한 기회

그렇다면, 실패의 본질은 무엇일까? 실패란, 나의 부족한 역량을 드러내는 과정이다. 즉, 어떤 부분을 보완하고 고쳐야 하는지를 알려주는 신호다. 소를 잃어봐야 외양간이 허술했다는 것을 깨닫는 것처럼, 우리는 실패를 통해 더 나은 방향으로 성장할 수 있다.

그러나, 더 큰 실패는 소를 잃고도 외양간을 고치지 않는 것이다. 자신의 부족함을 감추고 개선하지 않는 사람은 결코 유능한 리더가 될 수 없다. '실패는 나를 성장시키는 과정이다.'

*

같은 실패를 반복하지 않으려면,

실패의 본질을 알고 고쳐나가야 한다.

‖5‖

일독일행, 실천하는 사람이 승리한다

일독일행(一讀一行). 한 권의 책을 읽었다면, 반드시 하나의 행동으로 이어가라.

독서는 깨달음과 실천을 연결하는 과정이다. 나비 독서에서는 몇 가지 새로운 시도가 있었다. 기존처럼 한 권의 책을 정해 토론하는 방식에서 벗어나, 각자 읽은 책을 자유롭게 소개하고 토론하는 방식을 도입했다.

"이게 가능할까요?"

처음에는 의구심이 많았다. 그러나 결과는 기대 이상이었다. 오히려 더 풍성한 이야기가 오갔고, 책을 넘어 자기의 경험을 나누는 자리로 확장되었다.

어느 날, 한 회사원이 고민을 털어놓았다.

"사춘기 자녀와 가까워지고 싶은데, 뭔가 보이지 않는 벽이 느껴집니다."

그는 2교대 근무 속에서도 주말이면 아이들과 함께하려고 노력했지만, 마음의 거리는 쉽게 좁혀지지 않았다. 그러던 중 한 권의 책을 통해 새로운 시도를 해보기로 결심했다.

"책을 읽으면서 어떤 마음이 드셨나요?"

"처음에는 명확한 답을 찾기 어려웠어요. 하지만 일단 내가 먼저 변해 보자는 생각이 들었습니다."

그는 자녀를 바꾸려 하기보다 먼저 자신의 태도를 바꿨다. 아이들의 말에 조급하게 반응하지 않고, 한 걸음 뒤에서 지켜보기로 한 것이다. 말투를 부드럽게 하고, 기다려주자 아이들이 먼저 다가왔다. 주말이면 아빠에게 다가와 "아빠, 요즘 무슨 책 읽어요?"라고 묻기 시작했다.

이야기를 들은 회원들은 깊이 공감했다.

"상대를 변화시키기보다 내가 먼저 변화하자."

"결국, 나의 변화가 상대의 변화를 이끌어내는 것이네요."

이처럼 책을 읽고 자신의 삶에 적용해 본 경험을 나누면서 토론은 더욱 활발해졌다. 90분이 훌쩍 지나갈 정도로 대화가 끊이지 않았고, 모든 회원이 마치 주인공이 된 듯한 얼굴로 돌아갔다.

책 한 권이 삶을 바꾼다

모임을 마친 후 한 회원이 자유 도서 토론을 뷔페 식사에 비유했다.

"각자가 읽은 다양한 책을 나누니, 마치 여러 음식을 맛보는 기분이에요."

7년째 모임에 참석 중인 또 다른 회원도 덧붙였다.

"나비 모임이 있는 날이면 피곤해도 금세 눈이 떠져요. 신기하죠?"

그에게 이 모임은 지친 일상 속에서 활력을 얻는 원천이었다. 그는 "책을 읽기 전에는 몰랐던 것들을 이해하고, 깨달아질 때 '이전의 나'에서 벗어나 '새로운 나'로 변화하게 된다."고 말했다.

이 과정에서 '본깨적 독서법'이 중요한 역할을 했다. '본깨적'이란 '본 것, 깨달은 것, 적용할 것'의 줄임말로, 책을 읽고 얻은 깨달음을 반드시 삶에서 실천해 보는 독서법이다. 즉, 한 권의 책에서 최소 하나의 행동이 나오도록 하는 것, 이것이 바로 유근용 작가가 강조한 '일독일행(一讀一行)' 독서와 같은 맥락이다.

나 역시 『논어』를 통해 일독일행의 중요성을 새삼 깨달았다. 논어 〈학이편(6편)〉에는 이런 구절이 나온다.

子曰(자왈): 弟子入則孝(제자입즉효), 出則弟(출즉제), 謹而信(근이신), 汎愛衆而親仁(범애중이친인), 行有餘力(행유여력), 則以學文(즉이학문).

공자께서 말씀하셨다.

"젊은이는 집에서는 효도하고, 밖에서는 공경해야 한다. 언행은 신중하고 진실해야 하며, 사람들을 널리 사랑하고 어진 이들과 가까이 지내야 한다. 이렇게 한 뒤 여력이 남으면 학문을 익혀야 한다."

나는 마지막 구절 '즉이학문(則以學文)'에서 깊은 깨달음을 얻었다.

"학문이 최우선이 아니라, 실천이 먼저구나!"

논어에는 학문을 배우기 전에 가정과 사회에서 실천해야 할 행동 원칙이 명확하게 제시되어 있었다. 나는 스스로를 돌아보았다. 평소 퇴근 후 집에 오면 습관적으로 TV를 켜거나 휴대폰을 들여다보곤 했다. 책을 읽고 싶어도, 피곤하다는 이유로 쉽게 미뤘다.

그날 이후, 나는 행동을 바꾸기로 했다. 집에 오면 가장 먼저 가족들에게 안부를 묻고, 짧은 허그를 건넸다. 그리고 나서야 책상에 앉아 독서를 시작했다.

2주 뒤, 독서 모임에서 논어의 이 구절을 공유했다.

"논어에 이런 가르침이 있었다니, 정말 놀랍네요!"

"이야기를 들으니 논어를 다시 읽어보고 싶어집니다."

짧은 문장이었지만, 그 울림은 강렬했다. 회원들도 논어의 가르침을 실천해 보기로 했다. 그리고 그날 이후, 『논어』는 나의 인생 교과서가 되었다.

한 권의 책이 인생을 바꾼다

책에서 얻은 깨달음은 단순한 지식이 아니라, 우리의 내면을 성장시키고 행동을 변화시키는 힘이 있다. 그 깊이에 따라 실천의 크기가 달라지고, 실천을 통해 얻는 행복도 커진다. 그래서 나는 오늘도 책을 읽고, 실천하려 노력한다. 책은 단순한 정보가 아니라, 내 삶을 비추는 거울이기 때문이다.

"책을 읽기만 하면 무슨 소용인가?"

진정한 독서는 실천하는 것이다. 깨달음에서 끝나는 것이 아니라, 그 깨달음을 삶에 녹여야 한다. 한 권의 책이라도 제대로 실천하는 사람이 결국 인생을 바꾼다.

*

일독일행의 과정을 거치면 인생의 변화를 만들 수 있다.

‖6‖

자신의 비전 하우스를 설계하라

비전 하우스를 짓는 법은 단순하다. 나만의 가치관으로 기초를 다지고,
경험의 힘으로 서까래를 올린다. 마지막 지붕에는 강력한 목적을 새긴다.

"오늘 강의 어떠셨어요?"

강의가 끝나자 다양한 반응이 쏟아졌다.

"자기소개서가 막막했는데 자신감이 생겼어요."

"입사 서류에 대한 궁금증이 풀려서 좋았습니다."

"쓰긴 써야 하는데 생각만 하다 오늘 용기를 냈어요."

취업 특강에 참여한 참가자들은 마치 안전지대를 벗어나 새로운 도전을 시작한 선수들 같았다. 그들에게 필요한 한 가지를 제안했다.

"서로에게 이렇게 말해 주세요."

"선생님은 잘 해낼 수밖에 없어요. 왜냐하면…(이유를 언급하기)"

서로의 장점을 찾아 인정해 주는 시간. 한 참가자가 파트너에게 말했다.

"선생님은 잘 해낼 수밖에 없어요. 왜냐하면, (지금처럼 열정을 유지하고, 끝까지 포기하지 않는 끈기를 가지고 있기 때문이에요)."

그 말 한마디에 분위기가 한층 밝아졌다.

『그릿(GRIT)』의 저자 앤절라 더크워스는 이렇게 말한다.

“경기에서 최고의 기량을 발휘하는 선수들은 마법 같은 괴력을 발휘해서가 아니다. 그들에게는 오직 한 가지, ‘열정적이고 꾸준한 끈기의 힘’이 있다.”

IQ, 재능, 환경을 뛰어넘는 열정과 끈기, 그것이 결국 결과를 만들어 낸다.

길을 잃은 청년, 새로운 도전에 나서다

취업 강의를 하던 중, 29세의 한 청년을 만났다. 그는 늦깎이 취업 준비생이었다. 금융권 취업을 준비하고 있었지만, 연이은 면접 탈락으로 자신감을 잃고 있었다. 한 시간 넘게 그의 이야기를 듣고 나니, 문제의 원인이 보였다.

“횡설수설…”

그는 면접장에 서면 준비해 온 답변의 절반도 꺼내지 못했다. 극도의 긴장감 속에서 외운 대로 전달하는 데 급급했고, 결국 핵심을 놓쳤다. 해결 방법을 찾기 위해 우리는 함께 고민했다.

우선, 스피치 과정에 등록했다. 하지만 모집 인원이 부족해 강의 개설이 무산됐다. 그가 실망하는 기색을 보이자, 나는 새로운 제안을 했다.

"성훈(가명) 씨, 괜찮다면 저와 1:1로 해볼래요? 대신 이번 수강료는 받지 않을게요."

그는 망설임 없이 수락했다. 그렇게 우리는 매주 한 번씩 만나 면접 코칭을 진행했다.

특별한 점이 있었다. 우리는 실내가 아니라 야외에서 코칭을 진행했다.

처음에는 도서관 휴게실에서 대화를 나눴다. 시간이 흐르면서, 우리는 걸으면서 이야기하는 방식으로 바꿨다.

"소장님, 오늘은 왠지 말이 더 잘 나오는 것 같아요."

"어떤 점이 달라졌나요?"

"처음에는 어색했는데, 걸으면서 말하니까 생각이 정리되는 기분이에요!"

나는 그에게 걸으면서 말하기를 연습해 보라고 권유했다. 공간에 갇히는 것을 싫어하는 성향을 고려한 맞춤형 훈련이었다.

1주일 후, 그는 한층 밝아진 얼굴로 나타났다. 이번에는 공간을 바꿨다. 도서관 근처 야외무대. 그가 단상에 섰다. 20㎝ 남짓한 높이였지만, 그는 무대의 압박감에 긴장했다. 질문을 던지자 다시 횡설수설하기 시작했다. 우리는 무대를 오르내리며 인터뷰를 진행했다. 걸었다가, 앉았다가, 다시 무대에 올랐다.

"이걸 면접이 아니라, 경기 후 인터뷰라고 생각해 봐요. 그리고 5년 후 자신의 모습을 떠올려 보세요."

잠시 후, 그는 확신에 찬 표정으로 말했다.

"첫 번째 목표는 여자 친구와 결혼하는 거예요. 그리고 회사에서 멋진 금융인으로 성장하고 싶어요!"

2주 후, 그는 다시 면접장에 섰다. 결과는 불합격. 그럼에도 그는 실망하지 않았다.

"이번에는 전보다 훨씬 잘했어요. 긴장도 덜했고, 제대로 말할 수 있었어요."

그리고 한 달 후. 결국, 그는 해냈다. 두 번째 면접에 도전했고, 당당히 합격했다. 그가 합격한 곳은 농협은행이었다.

첫 출근을 마친 후, 그에게서 전화가 왔다.

"소장님, 정말 감사합니다. 이게 꿈인지 현실인지 모르겠어요!"

3개월 후, 그는 나에게 청첩장을 보내왔다. 나는 진심으로 그의 결혼을 축하하며, 그의 새로운 인생을 응원했다.

당신만의 비전 하우스를 지어라

오랜 시간 취업 강의를 하면서 깨달은 것이 있다.

"자신감은 나다울 때 나온다."

나는 많은 취업 준비생들이 '나다운 인생의 집'을 짓길 바라는 마음으로, 무료 강습회를 열고, 그들의 도전을 응원해 왔다. 우리는 각자의 인생을 살아간다. 그렇기에 자신만의 가치관이 필요하다. 가치관으로 기초를 다지고, 경험의 힘으로 서까래를 올리고, 마지막으로 강력한 비전을 새긴다. 그렇게 한 채의 집이 완성되면, 그 안에는 새로운 주인이 등장한다. 그것이 바로, 당신만의 성공 하우스다.

나는 또 한 제자의 성공을 떠올린다. 그는 말하기에 지독히도 서툴렀다. 특히, 연설을 할 때면 얼어붙었다. 하지만 두 달간의 노력 끝에, 그는 결국 합격을 이루었다. 그가 지은 비전 하우스가 완성되는 순간, 우리는 서로의 눈에서 환희의 눈물을 보았다.

무엇보다 중요한 것은, 그가 달라진 자신을 발견했다는 것이다. 인생의 직업을 찾는 일은, 마치 한 채의 집을 짓는 일과 같다. 그 집 안에서, 우리는 나다운 모습으로 살아간다.

*

자신감은 나다울 때 나온다.
새로운 방법은 결국 내 안의 비전에서 발견된다.

7

내 안의 존재를 찾아 떠나는 여행

> 결핍을 찾는 여행을 시작하라.
> 새로운 존재를 발견하는 순간, 삶의 의미도 새로워진다.

"한 번 더" 기회가 필요한 가수들이 있다.

대중에게 잊혀진 가수들. 그들에게 무대는 단순한 장소가 아니다. 그곳은 심장이 다시 뛰고, 열정이 되살아나는 공간이다. 이들에게 기회를 주는 리부팅 오디션 프로그램이 있다. 그중 한 참가자의 이야기가 눈길을 끌었다. 그는 첫 곡이 히트하며 스타가 될 것 같았지만, 후속곡이 나오지 않았다. 결국, 한국을 떠나 해외에서 사업가로 성공했다.

그러나 외로움은 사라지지 않았다. 어느 날, 친구가 물었다.

"너는 언제 가장 행복했어?"

그 순간, 그는 깨달았다.

"나는 무대에서 노래할 때 가장 행복했다."

그렇게 그는 다시 무대를 꿈꾸기 시작했다. 주변의 우려와 걱정 속에서도 오디션에 도전했다.

참가 번호를 달고 무대에 선 그는, 오랜 시간 잊혔던 자신의 히트곡을 불렀다. 관객들은 "아~." 하며 감탄했다. 그제야 모두가 노래의 주인을 만났음을 깨달았다. 심사위원이 물었다.

"사업을 멈추고 다시 무대로 돌아온 이유가 무엇인가요?"

그는 담담히 말했다.

"저는 저 자신이 누구인지 노래를 통해 찾고 싶었습니다."

결국, 그는 탈락했다. 하지만 그에게는 마지막 절차가 남아 있었다.

MC가 말했다.

"자, 이제 번호가 아닌, 내 이름을 찾을 시간입니다."

그의 이름이 공개되었다. 비록 오디션은 끝났지만, 그는 감격에 젖어 있었다.

"내가 누구인지 찾았다."라고 말하고 있었다.

그 순간을 보며, 나는 다시 깨달았다.

"자신의 존재를 찾는 것이야말로, 진정한 삶을 사는 길이다."

『오즈의 마법사』와 존재의 발견

무대 위의 그를 보며, 한 편의 이야기가 떠올랐다. 미국의 동화 작가 라이먼 프랭크 바움의 판타지 소설, 『오즈의 마법사』. 이 책에는 삶의 의미를 찾아가는 네 명의 인물이 등장한다. 주인공 도로시와, 그녀와 함께 여행을 떠난 허수아비, 양철 나무꾼, 사자. 각자 결핍을 채우기 위해 모험을 떠난다.

토네이도에 휩쓸린 도로시는 마법의 나라 '오즈'에 떨어진다. 고향으로 돌아가기 위해, 위대한 마법사를 찾아가는 여정을 떠난다. 그 과정에서 세 명의 친구를 만난다.

허수아비 "나는 뇌가 없어. 지혜를 갖고 싶어!"

양철 나무꾼 "나는 심장이 없어. 감정을 느끼고 싶어!"

사자 "나는 용기가 없어. 진정한 백수의 왕이 되고 싶어!"

이들은 각자의 결핍을 채우기 위해 험난한 여정을 멈추지 않는다. 하지만 이미 그들은 자신이 원하는 것을 갖고 있었다.

허수아비는 뇌가 없어도 지혜롭고 영리했다. 양철 나무꾼은 심장이 없어도 남을 깊이 배려했다. 사자는 용기가 없어도 두려움을 극복하며 나아갔다. 그럼에도 그들은 끝까지 마법사를 찾아 나섰다.

드디어, 그들은 오즈의 마법사를 만났다. 그리고 간절히 부탁했다.

허수아비 "저에게 뇌를 주세요."

마법사 "너는 이미 매일 배우고 있어. 지식은 경험을 통해 얻어지는 거야."

사자 "저에게 용기를 주세요."

마법사 "너는 이미 용기가 넘쳐흘러. 필요한 건 자신감이야."

양철 나무꾼 "저에게 심장을 주세요."

마법사 "심장이 있다고 다 행복한 건 아니야. 사람들은 욕심이 커질수록 불행해지기도 해."

결국, 그들은 자신이 찾던 것이 이미 자신 안에 있었음을 깨달았다.

코칭과 존재의 발견

코칭에서는 "우리 안에 답이 있다."라는 철학을 강조한다. 나는 고객들에게 종종 묻는다.

"지금까지 살아오면서, 가장 자랑스러웠던 순간은 언제인가요?"

처음에는 난처해하던 고객들도, 이내 기억을 더듬으며 자신의 이야기를 꺼내기 시작한다.

한 자동차 회사의 워크숍에서 한 참가자가 말했다.

"동생을 위해 처음으로 라면을 끓여줬던 순간이 떠오릅니다."

"그때 어떤 기분이었나요?"

"오빠로서, 무언가를 해냈다는 뿌듯함이요."

"지금 뿌듯함이 어떻게 느껴지세요?"

"그때의 자신감이 다시 떠오릅니다."

이처럼, 작은 기억 속에서 우리는 이미 우리가 찾고 있던 존재의 단서를 발견할 수 있다.

한 생산팀장은 승진의 순간을 가장 자랑스럽다고 말했다.

"그 순간을 떠올리면 어떤 생각이 드세요?"

"그때는 밤낮없이 일했죠."

"지금은요?"

"요즘은 그때만큼의 열정이 없어요."

"그때 해낸 사람이 지금은 못 할까요?

혹시, 내가 가진 능력을 잊고 있었던 건 아닐까요?"

그는 고개를 끄덕였다.

"그렇게 말씀해 주시니까, 뭔가 용기가 생기네요."

존재의 발견은 어렵지 않다. 이미 우리는 그 가능성을 경험한 적이 있다. 그것을 잊고 있었을 뿐이다.

당신의 존재를 찾으라

도로시는 결국 집으로 돌아갔다. 그리고 깨달았다.

"가족과 함께하는 일상이 진정한 행복이구나."

나 역시 마흔이 되기까지, 지식을 쌓아야 한다는 허수아비의 결핍 속에 살았다. 그러나 나를 움직이게 하는 것은 뜨거운 심장이었다.

그리고 다시 생각했다.

"내가 용기가 없는 것이 아니라, 잊고 있었던 것이 아닐까?"

그 순간, 깨달았다.

'나는 사람들의 존재를 찾도록 돕는 코치다.'라는 소명이 발견됐다. 지금 당신이 불안하고 흔들린다면, 내 안의 존재를 찾는 여행을 떠나보자.

내가 진정 원하는 것은 무엇인가? 그 답을 찾는 순간, 우리는 자신의 이름으로 무대에 설 준비가 되어 있는 것이다.

*

우리는 이미 능력과 자원을 가지고 있다.
다만, 그것을 발견하는 여행이 필요할 뿐이다.

PART 3

가능성의 바람을 타고 더 멀리 날아라

세 번째 비행: 코칭의 힘을 발견하다

조나단은 대화를 바꾸고, 질문으로 벽을 허문다. 상대를 바라보는 렌즈를 전환하고, 침묵의 힘을 배운다. 서로의 거리를 좁혀 고객과 공명하며, 가능성 위에 올라타 '인정'이라는 선물을 나눈다.

"해냈구나! 그래, 너는 해낸 거야! 존…." 치앙이 말했다.

"네가 무엇을 하고 있는지를 네 스스로 알 때,
그것은 언제든지 성취될 수 있는 것이다.
자, 이제는 마음과 힘을 조정하는 일에 전력을 다해보자."

리처드 바크, 『갈매기의 꿈』 중에서

‖1‖

변화는 언어에서 시작된다

코칭은 상대를 고치려 하지 않는다.
변화는 전적으로 수용하는 태도에서 시작된다.

『언어를 디자인하라』에서 유영만 교수는 이렇게 말했다.

"언어는 생각의 옷이다."

생각은 입는 옷에 따라 달라진다. 의사는 흰 가운을 입고 환자의 상태를 살핀다. 판사는 검정 법복을 입고 판결을 내린다. 그들의 언어와 태도는 옷차림과 함께 변화한다. 나는 20대에 군인의 옷을 입었다. 각 잡힌 군복은 나를 단순하고 분명한 사고로 이끌었다. 자연스럽게 사용하는 언어도 바뀌었다.

"예." "아니오." 결과를 먼저 말하는 간결한 대화 방식이 몸에 배었다. 군복 대신 일상복을 입은 지 10년이 넘었지만, 그 습관은 쉽게 변하지 않았다. 특히 가족과의 대화에서 더욱 그랬다.

어느 날, 사춘기를 겪고 있는 둘째 아들에게 물었다.

"호야, 앞으로 뭘 하고 싶니?"

곧 중학교 3학년이 되는 아들에게 진로에 대해 고민할 시기라는 것을 알려주고 싶었다. 하지만 아들은 아무 대답도 하지 않았다. 답답한 마음에 아들이 다니는 학원에 찾아가 원장과 면담했다. 그리고 결론을 내렸다.

"학원은 효과가 없는 것 같은데 당분간 중단하는 게 어떠니?"

집에 돌아와 아들에게 말했다.

"나는 아버지로서 너의 진로를 지원할 책임이 있어. 그러니까 너도 바뀌어야 하지 않겠니?"

내 말이 끝나기도 전에 아들의 눈시울이 붉어졌다. 아내는 조심스럽게 말했다.

"아빠와 대화하면 호야는 불안해하고, 심장이 떨린대요."

그 말을 듣는 순간, 나는 어린 시절의 아버지와 나를 떠올렸다.

나 역시 아버지와 대화할 때 늘 긴장했다. 마치 판사 앞에 선 기분이었다. 아버지는 근면하고 성실하셨지만, 잘못을 저지르면 언성을 높이며 단호하게 꾸짖었다. 나는 그런 아버지 앞에서 내 감정을 솔직히 표현하는 것이 어려웠다. 그런데 지금, 내 아들이 과거의 나와 같은 두려운 표정으로 나를 바라보고 있었다.

'어디서부터 잘못된 걸까?' 고민스러운 표정으로 아내에게 물었다.

"호야가 나와 대화하는 게 그렇게 힘들었나?"

아내는 나에게 더 충격적인 이야기를 들려주었다.

"아빠가 집에 오는 발소리를 들으면 심장이 떨린대요."

나는 더 이상 묻지 못했다.

어린 시절, 아버지가 돌아오는 모습이 보이면 나 역시 불안했다.

친구들과 놀다가도 숙제하는 척을 하거나, 집을 부지런히 청소했던 기억이 떠올랐다. 나는 아버지와의 관계를 개선하기 위해 '아버지 학교'에 등록하고, 다양한 프로그램에도 참석했다. 그런데도 나는 여전히 군인의 옷을 입고 있었다.

변화의 시작: 새로운 언어와 태도

아내는 내 말투와 행동이 문제라고 했다. (문제 1. 말투)

그동안 아들의 이름을 부를 때 "야, 백호야."라고 불렀다. 여기서 군대식 말투가 아들에게는 강압적으로 느껴졌던 것이다.

새로운 호칭이 필요했다. 어느 날, 아들이 듣던 팝송 가사에서 'Baby'라는 단어가 들렸다.

"호야, 베이비라고 불러주면 어떠니?"

아들은 잠시 고민하더니 말했다.

"음… 괜찮을 것 같아요."

그렇게 아들의 새로운 호칭이 탄생했다.

그 후로 나는 아들을 "베이비"라고 불렀다.

다음으로 나의 손동작에도 문제가 있었다. (문제 2. 손동작)

나는 허리춤에 두 손을 걸치는 습관이 있었다. 군인들이 군가를 부를 때 취하는 '군가 자세'였다. 아들 앞에서도 이런 포즈를 취할 때가 많았다. 당연히 그 모습이 위협적으로 느껴졌던 것이다.

이 자세를 어떻게 바꿀지 고민했다. 새로운 습관이 떠오르지 않았다. 나는 오랜 고심 끝에 논문을 통해 허그의 장점을 찾았다. 그날 아들에게 '허깅(포옹)'을 제안했다.

"아빠가 어깨에 손만 올릴 테니까, 3초만 있어주면 돼."

처음에는 '꼭 해야 돼요?'라며 거부했지만, 결국 동의해 주었다.

그날부터, 우리는 저녁이면 "베이비, 허깅하자."라며 짧은 포옹을 나눴다. 어색했던 허그는 조금씩 자연스러워졌다. 5년이 지난 지금은 아들이 먼저 다가와 안을 정도다. '베이비'와 '허그'는 아들과 이어진 특별한 언어가 되었다. 어느새 아들은 군복을 입은 직업군인이 되었고 나는 코치의 옷을 입었다.

코칭에서는 일상의 언어가 아닌 코칭의 언어를 사용한다. 코칭은 결론 중심의 대화에서 벗어나, 가능성을 높이는 질문을 주로 사용한다.

예를 들어, 매번 지각하는 직원에게 이렇게 질문할 수 있다.

일반적인 말 “왜 또 늦었어요?”

코칭의 언어 “늦은 이유 중, 특별히 중요한 일이 있었나요?”

이렇게 상대방의 관점에서 질문하면, 직원은 변명이 아닌 해결책을 고민하게 된다. 그리고 자신의 태도를 스스로 돌아보게 된다.

※

코칭에서의 변화는, 코칭의 언어를 만드는 것에서 시작된다.

조나단의 코칭 노트

루빈의 잔

출처 : 스톡 일러스트 (Martin Janecek)

그림의 루빈의 잔에서처럼 우리는 하얀 잔을 사이에 두고 서로를 마주 보고 살아간다.

바로 아들과 나의 모습과 같다. 서로가 '저항하는 관계'라면 상대의 변화를 요구하게 되고, 그럴수록 상대는 방어적으로 변한다. 만약 서로가 '응답하는 관계'라면 내가 먼저 변하면, 상대도 변화를 수용하게 된다.

이것이 코칭에서 말하는 '미러링 효과'다.

나는 아들의 변화를 원했다. 하지만 정작 바뀌어야 했던 건 나 자신이었다.

아들을 변화시키기보다, 내가 먼저 새로운 언어와 태도를 배웠다.

그 결과, 아들은 변화하기 시작했다. 바로 코칭이 시작되는 순간이다.

이런 '미러링 효과'는 코칭 장면에서도 많이 등장한다.

코치가 고객에게 먼저 집중하는 자세를 보여주게 되면 고객은 자신의 문제를 방어하기보다 코치의 호기심 어린 모습과 경청의 자세를 통해 천천히 자신 안의 문제를 바라보게 된다.

그리고 변화의 문을 열기 시작한다.

코칭은 생각의 옷을 바꿔 입는 과정이고
변화는 상대가 아닌, 나로부터 시작된다.

‖2‖

질문으로 벽을 허문다

질문은 상대의 마음을 여는 열쇠다.
질문을 통해 생각과 감정을 이해하고, 코칭 관계를 깊게 만들 수 있다.

저녁, 도서관에서 남은 업무를 보려던 순간, 내게 코칭을 받던 분께 메시지가 왔다. 그분 역시 코치였다.

"코치님, 질문 하나 있어요.

코치님이 계속 변화할 수 있었던 이유는 무엇인가요?"

질문은 단순했지만, 답은 그렇지 않았다. 나는 머릿속에서 빠르게 지나온 시간을 되짚었다.

'내가 변화할 수 있었던 이유는 무엇일까?' 생각할수록 한 가지 답이 떠올랐다. '바로 생존이었다.' 강사로서 살아남기 위해 변화는 선택이 아닌 필수였다. 새로운 트렌드를 받아들이고, 끊임없이 배워야만 했다. 그러면서 줄다리기의 법칙을 배웠다.

"줄을 당기는 것보다, 상대의 힘을 버텨내는 것이 더 중요하다."

외부의 영향을 버텨내야만 했다. 그러다 보면, 줄을 당길 수 있는 순간이 찾아왔다. 나는 질문에 답을 적으며 다시 깨달았다. 질문 하나가 내 안의 생각을 자극했고 결국 스스로 답을 찾게 했다.

질문은 우리의 경계를 허문다

아들이 중학생이었을 때, 그는 게임에 푹 빠져 있었다. 나는 기다려주었지만 아들은 공부에는 여전히 관심이 없었다. 이전보다 서로 관계는 좋아졌지만, 공부 이야기만 하면 감정이 격해질까 봐 걱정이 되었다.

"어떻게 하면 아들이 스스로 깨닫게 할 수 있을까?"

그때 '질문'이 떠올랐다. 나는 아들이 돌아오면 질문을 볼 수 있도록 컴퓨터 모니터 앞에 붙여두었다.

- "내가 이루고 싶은 꿈은?"
- "나를 가슴 뛰게 하는 것은?"

아들은 그 아래, 작게 질문의 답을 적어두었다.

- "내가 이루고 싶은 꿈은?" → "소방관"
- "나를 가슴 뛰게 하는 것은?" → "게임"

짧은 답을 적고 다시 게임을 시작했다.

"아무런 답이 없을 줄 알았는데…."

그래도 답을 보니 스스로 생각하고 있다는 것이 느껴졌다.

다음 날, 질문을 바꿔서 다시 붙였다.

- "지금보다 더 나은 삶이 되려면 무엇을 해야 할까?"

- "나에게 필요한 것은?"

그날 저녁, 아들은 조용히 답을 적었다.

- "공부."

그때 깨달았다. 질문은 강요 없이 답을 이끌어낸다. 나는 질문을 계속 이어갔다.

- "오늘 나는 나에게 최선을 다했는가?"

- "부족했다면 무엇인가?"

이번에는 답이 없었다. 그러나 나는 느꼈다. 대화가 이어지고 있다는 것을.

출장을 마치고 돌아온 날, 아들의 방에 붙어 있던 질문을 보았다.

- "오늘이 가기 전에, 나에게 해주고 싶은 칭찬 한마디는?" → "오늘도 수고 했다"
- "듣고 싶은 말은?" → "치킨 사줄까"

나는 웃음이 터졌다.

'치킨이 먹고 싶었구나!' 그날 우리는 치킨 파티를 했다. 이제 질문은 우리만의 대화 방식이 되었다. 다음 날, 나는 더 깊이 생각할 수 있는 질문을 적었다.

- "지금 나의 행동을 1년 뒤에 평가한다면?" → "참 편하게 살았구나"
- "1년 뒤 이루고 싶은 모습은?" → "공부하는 내 모습"

나는 질문을 통해 아들이 스스로 내면을 탐색하고 있다는 사실에 놀랐다. 그리고 나 역시 아들과 함께 나의 내면을 들여다보게 되었다. 그렇게, 우리 사이에 다리가 놓였다.

바로, 신뢰의 다리이다. 질문은 관계를 변화시켜 놓는다

코칭을 배우기 전, 나는 질문보다 설득을 먼저 했다. 내 생각을 먼저 전달하고 싶었고, 아들이 나를 따르길 원했다. 하지만 그럴수록 대화는 추궁이 되고, 관계는 멀어졌다. 그러나 질문을 배우고 나니, 질문이 관계를 깊게 만들고, 신뢰를 쌓는다는 것을 알게 되었다.

질문은 단순한 정보 획득이 아니다. 질문은 상대의 마음을 열고, 스스로 답을 찾게 한다.

* 질문은 벽을 허문다.
* 질문은 생각을 깨운다.
* 질문은 신뢰를 만든다.

이제, 대화에서 질문을 적극적으로 활용해 보자.

*

정답을 주는 것이 아니라,
올바른 질문을 던질 때 사고의 한계를 넘을 수 있다.

조나단의 코칭 노트

GROW 모델을 활용한 단계별 질문

- 인지 → 목표 설정 (Goal)

"이 목표가 나의 성장과 어떻게 연결될까?"

- 훈련 → 현실 인식 (Reality)

"현재 나는 목표에 어느 정도 도달했는가?"

- 내재화 → 대안 탐색 (Option)

"목표를 달성하기 위해 어떤 방법이 효과적일까?"

"다른 사람들은 이 문제를 어떻게 해결했을까?"

- 성과 개선 → 실행 의지 (Will)

"어떻게 꾸준히 실천할 것인가?"

3

코칭의 렌즈로 상대를 바라보라

모든 결과의 시작은 선택이다.
작은 선택이 모여 행동이 되고, 행동이 쌓여 다른 삶을 만든다.

2019년 겨울, 코로나19가 전 세계를 강타했다. 언제 끝날지 알 수 없는 위기를 맞았다. 강의가 줄줄이 취소되었다. 새로 입주한 사무실에는 발길이 끊겼다. 삶이 멈춘 듯했다.

'이제 평안했던 삶은 끝난 걸까?' 거리는 점점 텅 비어갔다. 가게 문을 닫거나, 임시 휴업을 알리는 현수막이 늘어났다. '강의 외에 내가 할 수 있는 일이 무엇이 있을까?' 생각할수록 가슴이 답답했다. 무기력한 날들이 이어지자 몸의 면역이 약해지면서 피부병까지 찾아왔다.

더 이상 기다릴 수 없었다. 이제는 다른 선택을 해야만 했다.

새로운 길을 찾다

신문에서 한 기사가 눈에 들어왔다.

"코로나19는 위기지만, 동시에 미래를 대비할 절호의 기회다."

기사의 내용을 따라가니 '그래, 이 기회를 통해 내가 할 수 있는 것을 찾아보자.'라는 쪽으로 생각의 방향이 바뀌어갔다. 그때, 대학원 전공으로 배웠던 '코칭'이 떠올랐다.

2년 전 교육 안내를 받았던 코칭센터에 연락을 넣었다.

"혹시 코칭 교육과정이 열리고 있는지요?"

이틀 뒤, 답장이 왔다. 현재 코로나로 인해 과정이 열리지 않는다는 내용이었다.

'역시, 쉽지 않겠지….' 그런데 다음 날에 한 통의 메일이 더 도착했다.

"백용식 대표님, 반갑습니다. 저는 김○○ 코치입니다.

코치님의 상황을 고려해 1:1 수업을 제안해 드리고 싶습니다."

나는 고민 없이 바로 수락했다. 우선 코치 자격을 취득하는 것부터 시작했다.

3개월 뒤, KAC(한국코치협회 전문 코치) 인증을 받았다. 작은 성취였다. 하지만 그보다 더 큰 변화가 찾아왔다.

코칭이 나를 바꾸다

코칭을 배우며, 나는 과거 강의장에서의 모습이 떠올랐다.

"여러분, 계속 노력하세요! 노력하지 않으면 기회를 잃습니다!"

"자격증 공부든, 스터디 동아리든 지금 당장 시작하세요!"

나는 학생들에게 무언가를 끊임없이 설명하고 있었다. 그러나 그들은 나의 시선을 외면하고, 무기력한 표정을 지었다. 코칭을 배우기 전까지 나는 상대의 문제 해결에 필요한 솔루션을 주고 설득하는 것이 먼저라고 생각했다. 하지만 코칭은 달랐다. '설득'보다 '경청'이 먼저라는 것을 다시 한번 깨달았다.

"상대는 설득의 대상이 아니라, 이해의 대상이었다."

이제 상대의 이야기를 먼저 듣기로 했다. 코치형 강사로 변화하기로 한 것이다. 『성공하는 사람들의 7가지 습관』의 저자인 스티븐 코비 박사는 이렇게 말했다.

"먼저 이해하고, 다음에 이해시켜라."

나는 이 말을 진지하게 탐구해 보기로 했다. 이전까지 나는 학생들을 미흡한 상태로 전제하고 강의했다. 하지만 이제는 그들의 가능성에 초점을 맞추고 이해하기로 했다.

경청이 바꾼 강의의 변화

코칭의 렌즈로 바라보니 보이는 것들이 있었다. 강의장에서 나는 새로운 습관을 만들었다.

- 말을 하기 전에, 먼저 내 감정을 알아차렸다.
- 불편한 감정이 올라오면, '아, 지금 내가 서두르고 있구나.'라고 인식했다.
- 감정을 내려놓고, 열린 마음으로 강의를 시작했다.

그리고 나는 학생들에게 물었다.

"여러분, 제 말이 어떻게 들리나요?"

학생들은 적극적으로 반응하기 시작했다.

"아, 이제야 제대로 소통이 되고 있구나!"

코칭의 렌즈로 바라보자, 더 이상 이전의 생각에만 갇혀 있지 않았다. 이제 수강생들의 감정과 의도가 선명하게 보이기 시작했다.

강의가 끝난 뒤, 수강생들의 피드백도 달라졌다.

"강사님 말씀이 다그치지 않으니 더 명확하게 들려요."

"강의가 편하고 더 친근하게 느껴져요."

심지어 함께 사진을 찍자며 다가오는 수강생도 늘어났다.

"나는 판단을 내려놓았을 뿐인데, 상대는 스스로 변하고 있었다."

나는 그때 깨달았다.

'내가 판단하면 상대는 변화에 저항했고, 내가 판단을 내려놓으니 상대가 변화에 응답했다.'

코칭의 렌즈를 끼고 보니 그야말로 보는 눈이 바뀌고, 결국 보이는 것이 새롭게 이해되었다.

*

코칭의 렌즈로 세상을 바라보면, 세상은 새로운 의미로 다가온다.

조나단의 코칭 노트

1. 상대는 설득의 대상이 아니라, 이해의 대상이다.
2. 먼저 이해하고, 그다음에 이해시켜라.
3. 경청이 바뀌면, 관계가 바뀐다.

코칭형 대화로 바꾸는 3가지 방법

- 판단을 내려놓기

"이 사람은 왜 이럴까?" → "이 사람은 어떤 생각을 하고 있을까?"

- 경청하기

말하기 전에 듣기

상대가 말하는 것을 온전히 받아들이기

- 공감적 질문 던지기

"어떤 부분이 가장 어려우셨나요?"

"왜 그렇게 생각하셨나요?"

4

침묵의 힘을 믿어라

코치가 고객의 '생각 파트너'가 되려면, 스스로의 판단과 해석을 멈춰야 한다.

코칭의 걸림돌을 발견하다

코칭을 배우고 있었지만, 여전히 대화는 울퉁불퉁한 자갈길 같았다.

"백 코치님은 리더십 훈련을 받아서인지, 코치로서의 성장 가능성이 높습니다.

특히 다양한 경험과 배움의 열정이 큰 강점이에요."

그러나 코칭을 방해하는 습관도 남아 있었다.

"혹시 무엇인지 아시겠어요?"

나는 잠시 멈춰 생각했다. 코치의 옷을 입고 대화하는 내 모습을 떠올려 보았다.

"지금까지 말씀하신 걸 보면, 스스로 자신감이 부족하다고 여기시는

군요."

"지금은 약점보다 강점에 집중해 보는 게 어떨까요?"

나는 고객의 말을 듣고, 늘 요약하고 해석을 덧붙이는 모습이 보였다. 내 방식대로 요약을 주도하며, 고객의 사고 흐름을 끊고 있는 것이 보였다.

"백 코치님, 코치가 해석을 많이 하면 고객은 어떻게 느낄까요?"

이 질문이 나에게 새로운 자각(Awareness)을 주었다. 코치는 해결자가 아니다. 코치는 단지, 고객이 스스로 해결할 수 있도록 돕는 '생각 파트너'다. 그러나 내가 판단하고, 해석하고, 결론을 내려줄수록 고객은 점점 스스로 결정할 힘을 잃어간다.

해결의 키워드: '잠깐 멈춤(Stop)'

"이제 어떻게 바꿔야 할까?"

고객이 스스로 답을 찾는 과정으로 받아들이게 하려면 무엇이 필요할지 고객의 입장에서 생각해 보았다. 고객의 주도성을 살리려면 우선, 상대의 말을 내 방식대로 해석하는 습관을 멈춰야 했다.

그리고 고객이 스스로 상황을 판단할 수 있도록 '잠깐 멈춤(Stop)'을 활용하기로 했다.

"백 코치님이 지나치게 요약하면, 오히려 경청을 방해할 수 있어요."

김○○ 코치님의 피드백을 떠올리며 대화 중에 스스로 생각을 멈추는 연습을 이어갔다.

✓ 고객의 말을 정리해 주려는 충동이 올라오면 멈추기.

✓ 대신, 고객이 스스로 답을 찾을 수 있도록 질문하기.

"지금까지 이야기한 것 중에서, 스스로 정리된 것이 있다면 무엇인가요?"

이제는 내 생각을 멈추고, 고객 스스로 자기 생각을 정리할 수 있도록 기다렸다.

대학생이 된 아들과도 잠깐 멈춤(Stop)을 적용해 보았다.

"베이비(아들), 네가 대학 졸업 후 진로에 대해 이야기한 것 중에서, 오늘 정리된 생각이 있다면 뭐야?"

나는 아들의 반응을 기다렸다. 잠시 후, 아들은 천천히 입을 열었다.

"그동안 부사관에 대한 막연한 생각뿐이었고, 직업군인으로서의 명확한 목표는 없었던 것 같아요."

아들은 통신 부사관학과에 다니고 있었지만, 자신에게 분명한 목표가 필요하다는 것을 깨달았다. 그 후에도 몇 차례 대화를 이어갔다. 나는 그저 기다렸을 뿐인데, 아들은 스스로 답을 찾기 시작했다. 나는 해석을 덧붙이지 않고, 아들이 스스로 결론을 내릴 수 있도록 기다렸다.

고객과의 코칭에서 '잠깐 멈춤'을 적용했다. 한 번은 40대 주부가 자녀와의 관계 개선을 위해 스피치 코칭을 신청했다. 그녀는 중학생 딸과 고등학교를 중퇴한 아들과의 대화에서 코칭이 필요하다고 느끼고 있었다. 나는 '잠깐 멈춤(Stop)'을 안내해 주었다.

"자녀와의 관계를 개선하기 위해, 지금 멈춰야 할 것이 있다면 무엇일까요?"

고객은 질문을 듣고 자기 모습을 돌아보기 시작했다.

"조급해하고, 불안해하는 제 모습을 발견했어요."

그녀는 하루에도 여러 번, 아이들에게 같은 질문을 반복하고 있었다.

"너 지금 했어?"

"진짜로 한 거 맞아?"

"언제 끝낼 거야?"

끊임없이 확인하는 습관이 오히려 자녀들과의 거리를 멀어지게 하고 있었다.

작가 고도원은 『잠깐 멈춤』에서 이렇게 말했다.

"멈출 줄 모르면, 언젠가는 강제로 멈춰야 하는 순간이 온다."

고객은 자신의 불안에서 비롯된 확인하는 습관을 줄여가기로 결심했다. 그 변화는 곧바로 자녀들에게도 영향을 주었다. 딸은 곧 엄마의 변화에 깜짝 놀랐다고 했다. 아들은 이전보다 눈을 마주치며 대화하기 시작했다고 전해 왔다.

삶에서 관계를 향상시키고 가까워지기 위해서는 우리가 잠깐 멈춰야 할 순간이 있다.

나는 요즘 매일 아침, 스스로에게 '잠깐 멈춤'을 적용하고 있다.

"오늘 내가 성공적인 하루를 보내기 위해 멈춰야 할 것은 무엇인가?"

잠깐 멈추는 사이 뒤처지는 것이 아니다. 멈추는 것은 새로운 출발을 위한 준비 과정이다.

*

때로는 말을 멈추는 것이 더 강력한 변화를 이끌어낼 수 있다.

조나단의 코칭 노트

잠깐 멈춤을 위한 5단계 코칭

- 1단계: 멈춤의 목적을 분명히 하기

  무작정 멈추는 것이 아니라, 왜 멈추는지 명확한 이유를 설정하기

  "지금 바쁘게 달려가고 있지만, 방향이 맞는지 점검하기 위해 멈춘다."

- 2단계: 멈춘 후, 스스로에게 질문하기

  현재 상황을 점검하는 질문을 던져보기

  "지금 이 방향이 내가 원하는 길인가?"

  "나는 지금 무엇을 위해 달리고 있는가?"

- 3단계: 멈춤을 성장의 도구로 활용하기

  멈춘 순간을 배움과 성장의 기회로 삼기

  – 책을 읽거나, 루틴을 돌아보고 개선점 찾기

  – 전문가나 멘토의 조언을 듣고 방향 재설정하기

• 4단계: 멈춘 후, 작은 실천 정하기

다시 나아가기 위한 작은 행동을 계획하기

"이번 주는 하루 10분씩 성찰 시간을 갖겠다."

• 5단계: 멈춤을 습관화하기

의식적으로 '멈춤 시간'을 만들기

– 하루 5분 명상이나 조용한 사색의 시간 갖기

– 주 1회 목표를 점검하는 리플렉션 타임 만들기

코칭은 생각을 멈추고 질문할 때 더욱 효과가 높다.

5

마음의 거리를 좁히는 라포의 기술

코칭 대화의 시작은, 고객과의 거리를 좁히는 것에서 출발한다.

마음이 편해지는 대화의 비결

"유○○ 코치님, 잘 지내셨죠?"

나는 코칭 훈련 센터에서 또 한 분의 코치님을 만났다.

틈날 때마다 안부를 전했고, 코치로서의 성장을 고민할 때면 요청하는 사이가 되었다.

어느 날, 문득 궁금해졌다.

"코치님과 대화를 하면 마음이 참 편해져요. 비결이 뭘까요?"

코치님은 웃으며 되물었다.

"그런가요? 백 코치님은 뭐 때문이라고 생각하세요?"

나는 잠시 고민하다가 말했다.

"관심이죠. 항상 저에게 관심을 주시는 것 같아요."

정말 그랬다. 유 코치님은 말하기 전에 내 생각을 먼저 물어봐 주셨다. 질문을 통해 나의 답을 끌어내 주셨다. 그래서인지 나는 자연스럽게 마음을 열고 편안하게 대화할 수 있었다.

라포(Rapport): 신뢰를 만드는 힘

코칭에서는 이것을 '라포(Rapport) 형성'이라고 한다. 동기부여 전문가 토니 로빈스(Tony Robbins)는 "라포 형성이란, 상대의 세계에 들어가 그를 이해하고 강한 유대감을 느끼게 만드는 능력이다."라고 했다. 즉, 상대가 나에 대한 거부감을 낮추고 마음을 열 수 있도록 만드는 과정이다. 라포 형성이 없다면, 고객과의 깊은 대화를 기대할 수 없다. 따라서, 코칭 대화에서 라포 형성은 모든 시작의 출발점이 된다.

대화가 꼬이는 이유를 찾다

코칭 대화를 훈련하면서, 제자리만 맴도는 느낌을 받았다. 시간이 지나도 진척이 없었다. 목표를 정하기도 전에 대화가 꼬였다. 도대체 무엇이 문제일까? 평소 가까운 유○○ 코치님을 찾아서 코칭을 신청했다. 녹음한 코칭 파일을 보내드리고, 며칠 뒤 시험 점수를 기다리는 학생처럼 긴장하며 피드백을 들었다.

"코치님, 어떤 부분이 문제였을까요?"

유 코치님은 먼저 내 생각을 물으셨다.

"백 코치님이 어렵게 느껴지는 부분은 어떤 건가요?"

"고객의 주제를 잡고, 목표를 정하는 게 가장 어렵습니다."

"그러시군요. 목표를 정하는 게 어떻게 느껴지세요?"

"제가 뭔가 해결해 줘야 할 것 같은데, 잘할 수 있을까 걱정이 됩니다."

그제야 알 것 같았다. 나는 코칭 중에도 고객의 문제를 해결해야 한다는 압박감을 느끼고 있었다. 그러다 보니, 질문도 어색하고, 목소리도 높고 빨라졌다.

녹음된 내 목소리를 들어보니, 걱정과 긴장이 그대로 묻어나고 있었다.

그때 코치님이 질문을 던졌다.

"말을 타는 사람이 긴장하면, 말은 어떻게 반응할까요?"

"말도 당연히 긴장할 것 같아요."

"그렇죠. 코치님이 긴장하면, 고객도 긴장하게 됩니다."

그 말을 듣는 순간, 나는 어디에서 막혔는지 깨달았다. 목표 설정이 문제가 아니었다. 나는 고객과의 신뢰 형성을 놓치고 있었다.

"코칭 대화의 기본은 목표 설정이 아니라, 라포 형성이었다!"

라포 형성을 위한 2가지 핵심 원칙

유○○ 코치님은 라포 형성을 위한 2가지 원칙을 강조했다.

1) 고객의 성향에 맞게 편안함을 제공할 것

2) 고객을 격려하고, 참여 의욕을 높일 것

나는 이 2가지를 적용해 보기로 했다.

마침, 40대 후반의 고객을 소개받았다. 처음 만난 고객은 긴장한 듯 표정이 어두웠다. 나는 목표를 설정하기 전에, 먼저 라포 형성에 집중하기로 했다.

"낯선 곳이라 어색하시죠?"

짧은 인사 후, 고객은 애써 웃어 보였지만, 여전히 경직된 표정이었다. 나는 목표를 논하기 전에, 고객이 편안해질 수 있도록 화제를 돌렸다.

"고객님, 혹시 최근에 좋았던 일 한 가지만 들려주실래요?"

나는 목소리 톤을 낮추고, 천천히 질문을 던졌다.

"글쎄요…. 부모님 모시고 나들이 다녀온 일이 생각나네요. 부모님이 좋아하시니 저희도 즐거웠어요."

"아, 그러셨군요. 부모님과의 나들이 중에 가장 좋았던 순간은 언제였나요?"

"고향 근처로 갔는데, 옛 추억이 떠올라 아빠와 이야기를 많이 나눴어요."

나는 고개를 끄덕이며 부모님과 함께 있는 고객의 모습을 떠올렸다.

"고객님은 사랑을 많이 받으며 자란 분 같아요.

그래서 가족들과도 사랑을 나누고 싶어 하시는 게 느껴집니다."

"네, 맞아요. 그렇게 봐주셔서 감사합니다."

고객의 표정이 한층 밝아졌다.

"지금 기분은 어떠세요?"

"네, 저에 대해 생각하는 시간이 되어서 편해졌어요."

라포 형성을 통해 대화의 물꼬가 트이자, 자연스럽게 목표 설정으로 이어졌다.

코칭은 두 사람이 관계를 맺는 과정이다. 따라서, 서로의 마음을 여는 것이 먼저다. 라포는, 코치와 고객 사이의 연결을 만들어준다.

시인 함민복의 시 「선천성 그리움」을 보면, 라포 형성이 얼마나 중요한지 깨닫게 된다.

"사람을 품에 안아도 그의 심장은 나의 오른쪽 가슴에서 뛴다.

끝내 심장을 포갤 수 없는, 우리 선천성 그리움이여."

이 구절을 읽는 순간, 나는 '아~.' 하고 탄식이 나왔다. 우리는 개별적인 존재이기에, 상대의 감정을 완벽히 이해할 수 없다. 그러나, 서로의 심장을 완전히 포갤 수 없어도, 거리를 좁히려는 노력이 있다면, 관계는 달라진다.

그리고 '라포'는 두 심장 사이에 놓인 사다리다. 이제, 라포라는 사다리를 딛고, 상대의 세계로 건너가 보자.

*

라포 형성은, 너와 나 사이의 사다리가 되어준다.

조나단의 코칭 노트

라포 형성을 위한 5가지 핵심 요소

라포 형성은 단순한 기술이 아니다.

상대방을 존중하고, 진심으로 관심을 가지는 태도에서 자연스럽게 쌓여간다.

1. 경청 & 공감 → 상대의 말에 온전히 집중하기

▸ 눈 맞춤 유지 → 자연스럽게 눈을 바라보며 신뢰감 형성

▸ 고개 끄덕이기 & 맞장구치기 → "그렇군요!", "맞아요!" 같은 반응 보이기

▸ 상대방의 말을 요약하기 → "이런 느낌이셨군요!"라고 정리해 주기

▸ 감정을 담아 반응하기

상대가 기뻐할 때 → "와, 정말 뿌듯하시겠어요!"

상대가 힘들어할 때 → "그런 일이 있었군요…. 많이 힘드셨겠어요."

단순한 "그렇군요."보다는 감정을 담아 말하기

2. 미러링 & 공통점 찾기 → 친근한 분위기 만들기

▸ 대화 속도 맞추기 → 상대가 천천히 말하면 나도 천천히, 빠르게

말하면 속도를 맞추기

- ▶ 비슷한 제스처나 자세 취하기 → 자연스럽게 따라 하면 친밀도가 높아짐
- ▶ 주의! 너무 티 나게 따라 하면 어색할 수 있으니 자연스럽게 조절하기

3. 이름 부르기 → 개인적인 관심 표현하기

- ▶ 이름을 불러주면 신뢰도가 높아진다.
- ▶ "민수 님은 어떻게 생각하세요?"
- ▶ "수진 씨가 말한 것처럼…."

단순한 '고객님'보다는 이름을 불러주면, 더 깊은 연결이 형성된다.

4. 가벼운 유머 & 편안한 태도 → 부담 없이 대화 이어가기

- ▶ 상황에 맞는 가벼운 농담이나 위트 있는 반응 추가
- ▶ 너무 심각한 분위기보다는 편안한 느낌을 주는 게 중요
- ▶ 부담스럽지 않은 편안한 웃음은 신뢰감을 높인다.

5. 진정성 있는 태도 → 신뢰감 형성

- ▶ 상대를 이용하려는 느낌이 아니라, 진짜 관심을 가지기
- ▶ 가식적인 태도보다는 솔직하고 편안한 모습 보여주기

▶ "완벽해야 한다."는 부담을 내려놓고, 자연스럽게 다가가기

라포는 기술이 아니라 태도다. 라포는 상대방을 진심으로 존중하고, 관심을 가지는 태도에서 자연스럽게 쌓이는 것이다. 기술보다 더 중요한 것은 '진정성'이다. 이제 라포라는 다리를 놓고, 상대의 세계로 한 걸음 더 다가가 보자!

‖6‖

꿈과 함께 춤을 추라

꿈과 현실 사이의 불일치를 춤추게 하라. 꿈은 더 큰 열정을 부른다.

평소 강의하던 교육 단체에서 몽골 여행 프로그램이 있다는 이야기를 들었다.

'3박 4일간의 일정, 몽골 초원에서의 승마 체험'

"와, 몽골에서 말타기도 있네요?"

"그럼 몽골 여행 함께 가실래요?"

순간, 마음이 흔들렸다. "당장 결정할 수는 없지만…." 머릿속은 이미 몽골로 향하고 있었다.

그날 밤, 오래전 잊고 있던 꿈이 떠올랐다. 몽골에서 말을 타는 것! 그것은 강사라는 일을 시작하던 무렵 마흔에 품었던 오랜 꿈이었다.

그러나 다음 날, 현실적인 문제가 떠올랐다.

"여행 비용을 감당할 수 있을까?"

"코칭 교육에도 많은 비용을 썼고, 이제는 돈을 회수해야 하는 시기인데….”

아내에게 말하고 싶었지만, 꿈과 현실 사이의 괴리에 쉽게 꺼내지 못했다.

이상과 현실의 '불일치(Gap)'

코칭에서는 이를 '불일치감'이라고 한다. 고객이 마주한 불일치감, 이전에 코칭했던 한 고객도 비슷한 '불일치감'을 겪고 있었다. 이상적인 가족 관계를 원했지만, 현실은 달랐다.

첫째 딸은 유학,

둘째 딸은 기숙사 생활,

셋째 아들은 말수가 줄어들었다.

"고객님, 가족들과의 관계가 지금 어떤 상태인가요?"

"제가 말만 하면, 다들 입을 닫아요. 너무 답답해요."

"그런 상황에서 어떻게 견뎌오셨나요?"

"그냥 참았어요. 말을 안 하는 게 나을 것 같아서요."

"앞으로는 어떻게 되기를 바라세요?"

"대화도 잘하고, 서로 챙겨주는 사이가 되고 싶어요. 그런데… 가능할까요? 아무래도 힘들겠죠."

고객은 대화법을 배우고 싶어 코칭을 찾았지만, '배운다고 과연 가족과의 소통이 좋아질까?' 하는 의심이 있었다.

"고객님이 가장 고민하는 것은 무엇인가요?"

"제가 바뀌어도, 가족들이 변화할지 걱정돼요."

고객은 자신이 변화해도 주변이 변하지 않을까 봐 불안했다. 나는 고객의 마음속 깊은 곳을 들여다보도록 도왔다.

"이런 걱정하는 마음은 어디서 온 걸까요?"

대화를 나누며, 고객이 느끼는 불안은 어린 시절 부모님에게 받았던 사랑과 관련이 있음을 깨달았다.

"어릴 때 아빠가 저를 많이 챙겨주셨어요. 그래서 가족들과 함께 있고 싶고, 사랑받지 못한다고 느끼면 불안해져요."

☐ 불안은 사랑받고 싶은 욕구에서 온다.

☐ 사랑받고 싶지만, 현실에서 그러지 못할까 봐 조급하고 불안해진다.

사랑과 불안이란 2가지 감정을 '양가감정(Ambivalence)'이라고 한다. 나는 2개의 감정이 어떻게 느껴지고 있는지 물었다.

"지금 자신의 모습이 어떻게 보세요?"

"사랑받고 있다는 걸 확인하고 싶어 하는 것 같아요."

"그럼 지금 고객님에게 필요한 것은 무엇일까요?"

"이런 제 모습을 잘 몰랐어요. 이제라도 저를 더 잘 알아야 할 것 같아요."

나는 고객에게 심리검사를 추천했다. 자신의 성향을 알게 된 고객은 "큰 도움이 됐다."라며 만족감을 표현했다.

"자신을 이해하는 것이 해결의 시작이다."

몽골 여행을 가야 할까? 나 역시 몽골 여행을 가야 할지 고민하며, 내 안의 양가감정을 들여다보았다.

□ 비용이 부담된다.
□ 하지만, 오랜 꿈을 실현하고 싶다.

나는 40대 후반에 코로나를 겪으며 현실에 얽매여 살았다. 강의는 줄었고, 학자금과 대출금은 남아 있었고, 매달 임대료와 생활비를 감당해야 했다. 그렇게 힘겹게 50대를 맞이했다.

'그냥 현실에 수용하고 살아야 할까?' 그러다 문득 생각이 들었다.

'몽골 여행이 나에게 전환점이 될 수 있지 않을까?'

□ 몽골의 광활한 초원에서 말 타는 경험
□ 새로운 환경에서 색다른 경험을 하며 관점을 바꾸는 것

나는 현실에서 벗어나, 새로운 포부를 다지고 싶었다. 그날 밤, 아내에게 이야기를 꺼냈다.

“여보, 몽골 여행을 함께 가자는 곳이 있는데, 나도 가볼까?”

“몽골 여행이면 당신 꿈이잖아. 그리고 첫 해외여행이니 가보지 그래.”

의외의 답변이었다. 그러나 여전히 해결되지 않은 문제가 남아 있었다.

“비용은 어떻게 해결하지?”

아내는 잠시 고민하더니 말했다.

“일단 여권부터 만들어요.”

그렇게 몇 차례 상의 끝에 필요한 금액을 마련할 수 있었다. 3주 뒤, 나는 몽골의 드넓은 초원을 달리고 있었다. 6월의 하늘과 초원은 그야말로 최상의 풍경이었다. 말 위에서 느끼는 자유와 희열은 상상 이상이었다. 현실의 불안은 사라지고, 나는 새로운 나를 만났다. 몽골에서, 나는 꿈과 함께 춤을 추었다.

나는 여행에서 돌아오자마자 승마 강습반에 등록했다.

“내년까지 기다릴 게 아니라, 지금부터 시작하자.”

나는 새로운 목표를 세웠다. 〈몽골에서 코칭하기〉 단순한 여행이 아니라, 꿈을 실현할 방법을 모색하자 심장이 뛰었다. 바로 꿈과 함께 춤을 추는 순간이 떠올랐기 때문이었다.

코칭은 말과 함께하는 여행과 같다

밀턴 에릭슨의 일화가 떠올랐다. 어느 날, 한 농부가 잃어버린 말을 찾았다. 말 위에는 낯선 소년이 타고 있었다.

"얘야, 네가 이 말이 어디로 가야 할지 어떻게 알았니?"

소년은 대답했다.

"저는 몰랐어요. 그저 말이 길에서 벗어나지 않도록 고삐를 잡고 있었어요."

소년은 답을 주지 않았다. 대신 말이 본능적으로 길을 찾도록 도왔다. 이것이 바로 코치의 역할이다.

□ 고삐를 잡고, 고객이 흔들리지 않도록 돕는 것

□ 고객이 자신의 길을 찾을 수 있도록 동행하는 것

이제, 2가지를 기억하고 꿈과 함께 춤추어 보자. 꿈이 깨어나 춤출 때, 우리는 불일치의 장벽을 넘을 수 있다. "꿈과 함께 춤추는 것은 우리 안의 한계를 뛰어넘게 해준다."

*

자신을 이해하고 미래의 꿈과 감정으로 연결할 때 길을 찾는다.

조나단의 코칭 노트

꿈을 명확히 하기 위한 질문

– 지금 내 마음속에서 가장 춤추고 싶은 꿈은 무엇인가?

– 그 꿈을 이룬다면 나는 어떤 모습일까?

– 내 꿈이 나에게 주는 의미는 무엇인가?

내 안의 장벽을 인식하는 질문

– 내가 꿈을 향해 나아가는 데 가장 큰 장벽은 무엇인가?

– 그 장벽이 생긴 이유는 무엇일까?

– 그 장벽을 넘기 위해 지금까지 시도한 것은?

꿈과 함께 춤추기 위한 질문

– 내 꿈을 더 즐기면서 도전할 방법은?

– 두려움 없이 자유롭게 움직인다면, 나는 어떤 첫걸음을 내디딜까?

– 꿈을 향해 오늘부터 실천할 수 있는 작은 행동은?

참고

▶ 자기 불일치론(Edward Tory Higgins, 1987)

심리학자 에드워드 히긴스(Edward Tory Higgins)가 제안한 이론으로, 개인이 자신에 대한 서로 다른 자아 개념들 사이의 불일치를 경험할 때 심리적 불편함과 정서적 고통을 느낀다. 실제 자아와 이상적/당위적 자아 간의 차이가 클수록 심리적 불편함이 증가한다.

▶ 자기 불일치(Self-Discrepancy)의 유형과 결과

자기 불일치 유형	설명	심리적 결과
실제 자아 vs 이상적 자아	내가 되고 싶은 모습과 지금의 나 사이의 차이	우울감, 실망, 좌절감
실제 자아 vs 당위적 자아	내가 되어야 하는 모습과 지금의 나 사이의 차이	불안, 죄책감, 스트레스

이상적 자아의 불일치 :

"나는 성공한 작가가 되고 싶은데, 지금 아무것도 이루지 못했어." → 좌절, 무기력

행동 전략 → 자기 수용 후 목표 설정

당위적 자아의 불일치 :

"나는 좋은 부모가 되어야 하는데, 내 아이를 잘 돌보지 못하는 것 같아" → 스트레스, 압박감

행동 전략 → 자기 기준을 세우고 기대를 조정

불일치를 통해서 먼저 자기 자신의 태도를 인식하고 내가 할 수 있는 작은 목표를 세우거나 자신에 맞는 기대를 조정하는 것이 필요하다.

7

마음을 다해 고객과 공명하라

코치와 고객이 서로의 생각과 감정에 공명할 때,
코칭의 효과가 극대화되고, 고객의 성장이 일어난다.

그날 밤, 시계는 10시를 가리키고 있었다. 한 해의 끝자락, 어느새 밤은 깊었지만, 연구실은 배움의 열기로 환했다. 화상 코칭 교육이 일상이 되었고 고객의 다양한 문제를 놓고 학습이 이어졌다. 그 무렵, 나는 국제코칭연맹(ICF) PCC 자격을 준비 중이었다.

"코칭의 효과를 어떻게 높일 수 있을까?"

생각이 꼬리를 물며 머릿속을 떠나지 않았다. 매주 주어진 주제를 연구하며, 고객과의 대화를 하나하나 따라가 보면서 대화의 흐름을 찾아갔다.

- 고객이 던지는 고민의 이면을 들여다보기
- 문제 속에 숨겨진 고객의 '가치'와 '꿈'을 찾기

그렇게 접근하자, 조금씩, 변화가 보이기 시작했다. 고객의 내면에서도 변화가 일어났다.

고객과의 공명이 일어나는 순간이 찾아왔다.

"오늘 많은 이야기를 나눴는데, 어떤 생각이 드세요?"

"제가 왜 고민했는지 알 것 같아요. 이제 뭔가 달라져야 할 것 같아요."

"네, 이제 뭘 해보고 싶으세요?"

"큰 것보다는, 작은 것부터 시도해 보려고요."

"그게 뭘까요?"

"혼자 있는 시간을 점차 늘려 보려고 해요."

"혼자의 시간이 어떻게 채워질지 기대가 되는데요."

"저도 설레고 기대됩니다."

고객은 질문을 통해 스스로 깊이 성찰하고 있었다. 나 또한 한 걸음 물러나, 온전히 고객의 이야기에 집중했다. 이 순간, 우리는 '공명(共鳴, Resonance)'하고 있었다.

공명이란 무엇인가?

코칭에서는 이것을 '현존하기(Presence)'라고 한다.

"코치가 온전히 현재 순간에 집중하며, 진정성 있게 고객과 함께하는 상태."

이 상태는 소리굽쇠의 원리와 같다.

□ 하나의 소리굽쇠가 특정 주파수로 진동하면,

□ 반대편 소리굽쇠도 같은 주파수로 공명하게 된다.

코치와 고객이 서로의 감정과 에너지에 반응하고, 그것이 조화를 이루며 강력한 변화를 일으키는 순간. 이것이 바로 코칭에서의 공명이다.

"오늘 코치님과 이야기하면서 많은 걸 느꼈습니다."

"지금 말씀하실 때 표정과 말에서, 이전과 다른 모습이 느껴지네요."

"네, 저도 마음이 한결 편해졌어요. 이전과 달라진 걸 새삼 느껴요."

"너무 좋네요. 좋은 부모로 성장하기 위해, 코칭 교육에도 관심을 가져보세요."

"네, 많은 조언 부탁드려요!"

이렇게, 코치와 고객 두 사람이 같은 주파수로 공명할 때, 진정한 소통과 강력한 에너지가 교환된다. 이 순간, 고객은 이전과는 다른 '새로운 상태'로 도약하고 있었다.

코칭, 깊은 공명의 순간을 만나다

코치는 어떻게 이런 공명을 끌어낼 수 있을까?

가장 먼저 '코치가 자신을 비울 때, 고객의 에너지가 상승한다.'는 것을 기억해야 한다.

여기서 '비움'이란?

□ 자신의 판단을 내려놓고

□ 고객의 이야기에 온전히 집중하는 것이다.

코칭에서 가장 중요한 것은 '고객이 자신의 내면을 더 깊이 들여다보게 하는 것'이다.

이렇게 하기 위해 코치는 끊임없이 자신을 비워 가야 한다.

- 질문을 통해 고객의 내면에 더 깊이 집중하게 한다.
- 목소리 톤과 분위기를 대화의 흐름에 맞게 조절한다.
- 비언어적 요소(표정, 태도, 몸짓)를 적절히 조절한다.

같은 말이라도, 어떤 목소리 톤으로 말하느냐에 따라 완전히 다른 메시지가 되기 때문이다. 친절한 톤은 → 긍정적인 느낌을 주지만, 공격적인 톤은 → 상대방을 위축시킨다.

공명된 상태에서는 고객이 외부 자극을 자기 내면으로 유도하고, 스스로 변화를 선택할 수 있도록 돕는 것이다. 이것이 바로 고객이 목표를 향해 더 나아갈 수 있도록 에너지를 제공하는 코칭의 힘이다. 코칭의 본질은 '기술'이 아니라, '공명'이다.

"코칭의 본질은 기술이나 방법론이 아니라, 진정한 인간적 연결과 공감에 있다."

나는 코칭을 배울수록 '강력한 질문을 던지는 코치'가 되고 싶었다.

그러나, 그 순간 깨달았다. '코치가 강력해야 하는 것이 아니라, 코칭 관계가 강력해야 한다.'라는 것을.

『코액티브 코칭』에서도 이렇게 말한다.

"'강력한 코치'에서 '강력한 코칭 관계'로 전환하라."

코칭의 효과를 극대화하는 것은, 마음을 다해 고객과 공명하는 것이다. 그날, 나는 또 한 걸음 성장했다.

'글로벌 코치로 나아가는 또 하나의 전환점.'

'코칭 관계에서의 깊은 연결과 공명이 코칭의 성과를 높인다.'

⁂

상대의 감정을 있는 그대로 받아들이고,
함께 울고 함께 웃는 공감의 힘을 키우자.

조나단 코칭 노트

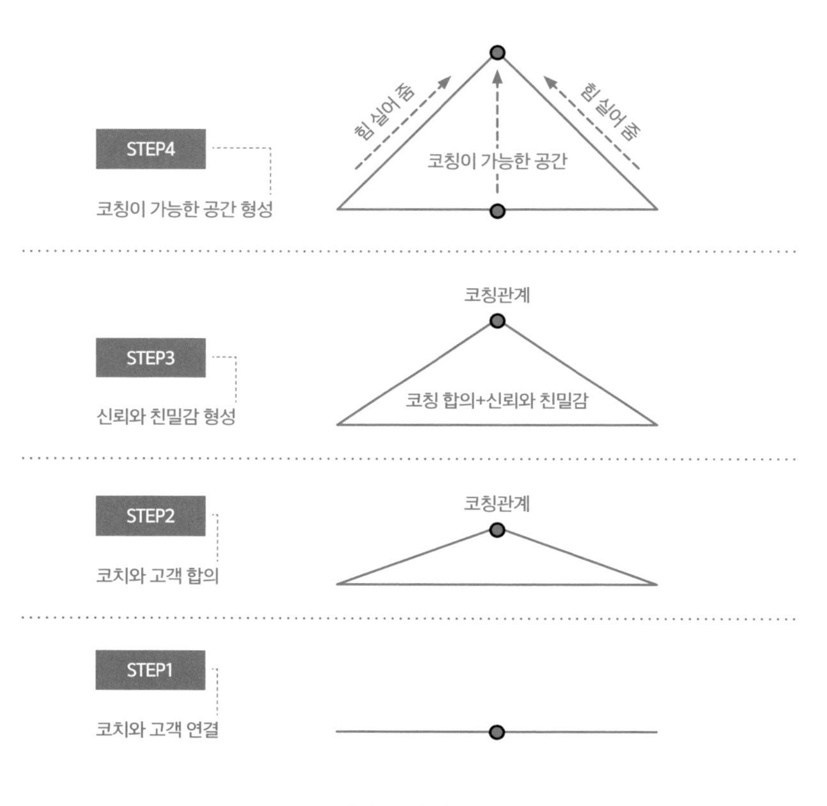

코칭의 파워 삼각도

출처 및 참고 : 『코칭 핵심 역량』 역량3. 신뢰와 친밀감 형성 (2019, 학지사)

3가지 요소가 균형을 이루어야, 효과적인 코칭이 가능하다.

STEP 1. 코치와 고객 연결

- 고객과의 신뢰를 형성하기
- 신뢰만 높고 도전이 없으면?
- 고객이 편안하지만, 성장이 제한됨

STEP 2. 코치와 고객 합의

- 고객의 도전 의지를 높이기
- 도전만 강하고 신뢰가 없으면?
- 고객이 부담을 느끼고 방어적으로 변함

STEP 3. 신뢰와 친밀감 형성

- 코칭이 가능한 공간 만들기
- 현존 없이 신뢰와 도전만 있으면?
- 코칭의 흐름이 자연스럽게 이어지지 않음

"공명하는 코칭이 이루어질 때, 고객은 자신의 한계를 넘어 성장할 수 있다."

8

인정이라는 가장 강력한 선물

상대방의 말과 행동을 인정하고,
그 감정과 노력을 언어로 전달하는 것이 코칭이다.

고객이 변화를 받아들이는 순간

고객은 차츰 '빈둥지증후군'에서 벗어나고 있었다. 자녀들이 떠난 빈 둥지만 바라보던 이전과 달리, 그는 새로운 둥지를 꾸미기 시작했다.

"코치님, 코칭을 배우니 제 모습이 다시 보입니다."

"어떤 모습이 보이세요?"

"평소 라포 형성 없이 본론만 말해서 오히려 대화가 서먹해진 것 같아요."

"그렇게 생각하신 이유라도 있을까요?"

"이전보다 제가 여유가 없었던 것 같아요. 이제는 아이들의 이야기도 많이 들어주고 있어요."

"자녀들에게 필요한 역할을 위해 노력하시는 게 느껴지네요!"

그는 이제 가족들과 진솔한 대화를 나누기 위해, 소통의 어려움을 '더 나은 부모가 되는 기회'로 받아들이고 있었다. 고객이 자신의 감정을 인정하고, 이전에 하지 않았던 행동을 시도하는 모습 자체가 성장이었다.

말(馬)과의 교감을 통해 배운 '인정하기'

몽골 여행 이후 한 달이 지나, 나는 승마 기초반에 합류했다. 기본적인 기승 자세를 배우는 것이 이렇게 어려운 일일 줄 몰랐다.

"허리를 곧게 펴세요!

머리부터 발뒤꿈치까지 수직을 유지해야 합니다!"

"앉았다가 일어설 때, 허벅지에 힘을 주고 등자를 밟아야 합니다!"

좌식 생활에 익숙했던 몸은 말 위에서 쉽게 균형을 잡지 못했다.

'나는 승마와 맞지 않는 걸까? 몸이 이렇게 굳어 있을 줄이야….'

아내는 걱정스러운 눈길을 보냈고, 결국 기초반 심사에 통과하지 못했다.

"회원님, 승급하시면 더 힘들 거예요. 한 달 쉬셨다가 다시 도전하는 게 좋겠습니다."

체력과 유연성이 부족했던 내게 지금 필요한 것은 '속도를 늦추고, 기초를 다지는 것'이었다.

그렇게 근처 승마장에서 기본기 교정을 받기 시작했다.

"회원님, 고삐는 말과의 연결입니다."

"운전할 때 차선을 맞추듯이, 고삐를 조절하면서 말의 진행을 컨트롤해야 해요."

코너를 돌 때 왼쪽 고삐를 짧게, 반대편 고삐를 길게 조절하는 법을 배우자, 말과의 호흡이 한결 자연스러워졌다.

"회원님, 이제 말에게 칭찬해 주세요."

"어… 칭찬이요?"

나는 순간 당황했다. 말을 칭찬하는 방법을 배운 적이 없었다.

"승마는 말과의 교감이 중요한 스포츠예요. 잘했을 때 바로 칭찬을 해 주세요."

나는 그제야 깨달았다. 그동안 나는 결과에만 집중했고, 과정에서 상대를 인정하는 법을 간과하고 있었다.

나는 말의 목을 부드럽게 쓰다듬으며 "잘했어."라고 속삭였다.

'인정하기'와 '칭찬하기'의 차이

『칭찬은 고래도 춤추게 한다』의 저자 켄 블랜차드는 이렇게 말했다.

"사람들은 칭찬을 받을 때 더 열심히 하게 되고, 자신의 가능성을 더 잘 발휘하게 된다."

그런데 코칭에서 필요한 역량은 칭찬을 넘어선 "인정하기"이다.

▶ 칭찬 → 결과 중심에 대한 피드백

"프로젝트를 성공적으로 마무리했군요! 정말 잘했어요!"

▶ 인정 → 과정과 감정 중심 피드백

"많은 어려움이 있었지만, 끝까지 포기하지 않고 집중한 당신의 노력이 돋보였어요."

이렇듯 칭찬은 결과를 평가하는 것이고, 인정은 과정과 감정을 존중하는 것이다. 코칭에서 '인정하기'의 힘은 매우 큰 효과를 발휘한다.

고객이 자녀와의 관계 개선을 위해 작은 변화를 시도한 적이 있었다.

"어제 아들과 진지한 대화를 나눴어요.

처음엔 잘 듣다가, 나중엔 저도 모르게 재촉했어요."

"아들과의 대화를 시도했다는 것 자체가 정말 큰 변화로 느껴집니다!"

"감사합니다. 그런데 아직 갈 길이 멀어요."

"더디지만, 분명히 성장해 가고 계세요."

"그런가요? 저도 코칭 교육 이후 좋아진 것 같아요."

"지금 고객님의 목소리에서 에너지가 느껴지는 것 아세요?"

"네…. 뭔가 인정받는 것 같아 쑥스럽네요."

작은 시도를 인정하는 것만으로도 고객은 "내가 변하고 있다."라는 것을 스스로 인식하고, 더 큰 변화를 향해 나아갈 수 있었다. 그만큼 코칭에서 '인정하기'는 고객이 존중받고 있다는 느낌을 주는 강력한 도구가 된다.

설령 눈에 띄는 성과가 없더라도, 그 시도 자체를 인정하면, 어느새 시간이 지나면서 작은 성과를 내게 된다. 이것이 '인정하기'의 힘이다. 인정은 곧 '존재의 확인'이다. "누군가를 인정하는 것은 그 사람의 존재를 확인해 주는 가장 아름다운 방법이다."

사람들은 "잘했어!"라는 칭찬보다, "나는 네가 얼마나 노력했는지 알아. 계속 지금처럼 해줘."라는 말을 들을 때, 더 큰 동기부여를 얻는다.

코칭은 결과를 평가하는 것이 아니라, 과정을 인정하는 대화이다.

'코치로서, 나는 고객의 존재와 노력 자체를 인정하고 있는가?' 이 질문을 스스로 던진다면, 코칭이 더욱 강력해질 것이다.

*

누군가를 진심으로 인정할 때, 그 사람은 더 큰 잠재력을 발휘한다.

조나단 코칭 노트

'인정하기'를 위한 3가지 핵심 원칙

- 감정과 노력을 인정하기

"어려운 상황에서도 끝까지 해내신 점, 정말 인상적이었어요."

"포기하지 않고 도전하는 모습이 정말 대단하세요."

- 결과보다 과정에 초점 맞추기

"결과가 어땠든, 시도한 것 자체가 중요한 변화예요."

"이번 경험이 고객님의 성장에 어떤 의미가 있을까요?"

- 진심 어린 피드백 제공하기

"그 말을 들으니 고객님의 변화가 확실히 느껴져요."

"지금 고객님의 목소리에서 자신감이 묻어나와요."

너는 작은 솔씨 하나지만
네 안에는 아름드리 금강송이 들어 있다.

⋮

너는 지금 모르지만
너의 때가 오고 있다.

박노해, 「너의 때가 온다」 중에서

PART 4

더 높은 하늘로 날아오르라

네 번째 비행: 코칭의 날개를 달다

조나단은 내면의 소리에 귀 기울이며, 새로운 커리어를 찾아 나선다. 판단을 내려놓고, 존재를 있는 그대로 바라본다. 코칭을 통해 연결지능을 키우고, 열정의 파도를 넘어 다가오는 시대를 준비한다.

“조나단!”

“플레처, 눈이 보여주는 것만 믿어서는 안 된다.
눈으로 보고 배우는 것에는 한계가 있어.
스스로 움직여 경험하고 이해해야 한다.
네 안에 이미 존재하는 것을 발견할 때,
비로소 나는 법을 터득하게 될 거야.”

리처드 바크, 『갈매기의 꿈』 중에서

‖ 1 ‖

내면의 소리를 듣는 순간, 행동이 시작된다

진정한 코칭은 질문과 경청을 통해
자기 내면의 목소리에 귀 기울이도록 하는 과정이다.

코칭에서 '질문'은 문을 여는 열쇠와 같다. 그러나 그 문을 열고 들어가면 자연스레 벽과 마주하게 된다. 의식과 무의식 사이의 장벽이다. 이 장벽을 넘기 위해서는 새로운 게임이 필요하다. 『성과 향상을 위한 코칭 리더십』의 저자 존 휘트모어는 이를 '이너 게임(Inner Game)'이라고 설명한다. 이너 게임이란, 외부 환경과 싸우는 것이 아니라 내면의 요인과 싸우는 과정이다.

많은 사람들이 성공의 요소를 외부 기술이나 역량에서 찾지만, 궁극적으로 성장과 성과를 결정하는 것은 자기 내면에서 벌어지는 싸움이다.

특히, 자기 의심과 같은 내적 장애물을 다루지 못하면 성장은 멈추고 변화는 멀어진다. 휘트모어는 내면의 소리를 듣는 것이 행동의 변화를 이끄는 가장 중요한 힘이라고 조언한다.

허들을 세울 것인가, 넘을 것인가

지난해, 나는 책을 출간하고 싶었지만, 부담감이 커지면서 점점 지쳐갔다. 곧장 멘토 코치님께 코칭을 요청했다.

"지금 가장 크게 다가오는 부담은 무엇인가요?"

"잘해야 한다는 마음이에요. 그래서 조급합니다."

"그 마음을 이미지로 표현해 볼 수 있을까요?"

"마치 경기 중에 넘어진 허들을 다시 돌아가 세우고 있는 느낌이에요."

"지금 중요한 게, 허들을 쓰러뜨리지 않는 것인가요? 아니면 허들을 넘는 것인가요?"

순간 멈칫했다. 나는 허들을 쓰러뜨리지 않고 넘고 싶었고, 동시에 빨리 넘어가고도 싶었다. 그 과정에서 주변의 시선까지 신경 쓰느라 주저하고 있었고, 그 결과 불안감이 엄습했다.

글을 쓰면서도 '이게 맞나?' 고민하며 계속 방향을 잃었다.

"이번 경기를 마치면, 무엇을 하고 싶으세요?"

"다음 경기를 시작하고 싶어요."

"그렇다면 이번 경기는 고객님께 어떤 의미인가요?"

"다음 경기를 위한 발판이죠."

코치님은 나에게 충분한 시간을 주며 스스로 성찰할 수 있도록 기다려주었다. 특히, 문제를 언급하는 데서 멈추지 않고 해결로 나아갈 수 있도록 질문을 던져주셨다. 그러면서도, 내가 내뱉는 사소한 말 하나에도 깊이 반응해 주셨다.

"'발판'이라는 단어를 말할 때 목소리 톤이 높아졌어요. 허들을 넘고 있는 자신의 모습이 어떻게 보이나요?"

"당당하게 제 경기를 하고 있습니다."

"그 당당함이 의미하는 것은?"

"계속해서 다음 경기를 이어가고 있다는 뜻입니다."

"와, 정말 그런 경기를 보고 싶네요."

내면의 소리에 집중하자, 그동안 위축된 내 모습이 아니라 내가 원하는 나의 모습이 보이기 시작했다. 그 순간 내 안의 에너지가 달라진 것을 깨달았다.

그날 이후, 경기를 완주하는 쪽으로 목적을 수정했다. 넘어진 허들에 집중하는 대신, 앞으로 넘어야 할 허들에만 주의를 기울이기로 했다. 새로운 의도를 세우니, 올해 안에 반드시 경기를 끝내겠다는 다짐이 올라왔다.

스티븐 코비는 자신의 저서 『성공하는 사람들의 8번째 습관』에서 "내면의 소리를 찾아라."라고 말했다. 그 소리를 따르는 것이 행동의 변화를 일으키는 핵심 요인이기 때문이다. 책 쓰기에 돌입한 나는 더욱더 내면의 소리에 집중했다. 그러자 글을 쓰는 일이 더 흥미롭게, 다르게 보이기 시작했다.

"글을 쓰는 동안 어떤 생각을 하고 있었나요?"

"다음 단계를 떠올리고 있었습니다."

"자신만의 경기를 하는 것처럼 보이는데, 어떠세요?"

"네, 저만의 경기를 하는 게 느껴집니다."

내면의 소리를 들을 때, 비로소 행동이 시작된다.

고객이 자신의 소리를 들을 때

최근 60대 고객을 만났다. 학교에서 보건교사로 퇴임한 후, 새로운 인생을 준비하는 과정에서 코칭을 알게 되어 자격 과정을 준비하는 중이었다. 그녀는 첫 세션에서 자신이 지나온 시간을 떠올리며 안타까움을 토로했다.

"30년 동안 숨 가쁘게 달려왔지만, 만족스럽지 않아요.

학교는 변하지 않고, 학생과 교사 모두가 무기력해지는 모습을 보면서 답답했어요."

"무엇이 가장 안타까우세요?"

"흡연하는 학생들을 따뜻하게 다독이고, 이해해 주지 못한 게 안타까워요."

"또 있을까요?"

"변화를 주지 못한 보건교사들이 애처로워요."

"그들을 위해 무엇을 하고 싶으세요?"

"하루빨리 교사들을 위한 논문을 쓰고 싶어요."

고객의 갈망은 분명했다.

그저 학생을 '흡연자'로 분류하고 행정적으로 처리하는 현실에 화가 났고, 교사들이 기계적으로 상담하고 학생들을 관리하는 방식에 저항하고 있었다. 그래서 교사들을 위한 논문을 집필하고 있었다.

"논문을 읽은 교사들이 어떻게 변화하길 바라세요?"

"진정한 힘을 얻길 바라요."

"그 힘을 주는 선생님은 어떤 분인가요?"

"교사들에게 기댈 수 있는 선배가 되고 싶어요."

대화가 이어지면서, 고객의 숨소리가 점점 차분해졌다. 그녀가 교사들에게 진정으로 무엇을 해주고 싶어 하는지가 보였다.

"지금 학생이 먼저일까요? 교사가 먼저일까요?"

"교사가 먼저네요."

"지금 그분들이 다가오고 있습니다. 어떻게 해주고 싶으세요?"

"따뜻하게 안아주고 싶어요."

억눌린 감정을 풀어내자, 그녀 안의 깊은 열망이 드러났다. 그 순간, 나는 그녀가 원하는 '미래의 존재'를 볼 수 있었다. 단순한 교사가 아니라, 교사들의 멘토이자, 학생들의 진정한 지원자가 되는 모습이었다. 고객은 코칭을 마치며 환한 얼굴로 말했다.

"이제야 숨을 쉴 것 같아요."

내면의 소리를 듣는 순간, 우리는 목표에 대한 책임감을 스스로 받아들이게 된다. 그래서 더욱 강력한 목적은, 내면의 소리에서 시작된다.

*

나의 강점과 가능성은 무엇일까?
스스로를 깊이 들여다볼 때, 담대한 행동이 시작된다.

조나단의 코칭 노트

내면의 소리를 듣게 하는 마법

경청(敬聽)

남의 말을 공경(恭敬)하는 태도(態度)로 듣는 것은 단순한 이야기를 듣는 행위가 아니라, 대화 속에서 고객의 존재와 함께 연결되어, 담대한 행동의 시작점을 만드는 계기가 된다.

누군가의 이야기를 들어주는 건,
말 그 자체가 아니다.

그 사람이 진정으로 원하는 게
무엇인가를 들어주는 것은

그 사람의 '때'에,
그 사람의 '방식'으로 들어주는 것을 말한다.

코리 도어펠트 지음, 신혜원 옮김, 『가만히 들어주었어』 중에서

‖2‖

새로운 커리어를 찾아가라

코칭은 개인의 가치를 실현하는 성공적인 인생의 맞춤 도구다.
인생의 후반전을 준비하는 시기에 코칭의 도움을 받는 것은 큰 차이를 만든다.

"안녕하세요, 강사님. 혹시 저 기억하시나요?"

어느 날 한 통의 문자가 도착했다. 익숙한 듯 낯선 이름이었다. 답장을 고민하는 사이 다시 알림이 울렸다.

"몇 년 전 취업반 양성 과정에서 강사님 교육을 들었던 교육생 최○○입니다."

그제야 기억이 났다. 입사 서류 강의에서 내가 조언했던 내용을 한 글자도 놓치지 않으려는 듯, 빼곡하게 노트를 정리했던 분이었다. 3일 후, 우리는 직접 만났다.

"그동안 어떻게 지내셨어요? 벌써 3년이 흘렀네요."

"여러모로 생각을 정리하다 보니 강사님이 떠올랐어요."

근황을 나누던 중, 그녀는 조심스럽게 고민을 꺼내놓았다. 현재의 직업에도 만족하지만, 새로운 길을 찾아야 할 때가 온 것 같다는 것이었다.

"지금 하던 일을 정리할 시점이라고 느껴요."

"어떤 새로운 길을 생각하고 계세요?"

"아직 구체적으로 정한 건 없어요. 소장님을 만나면 실마리를 찾을 수 있을 것 같아서 찾아왔어요."

"그런 생각이 든 특별한 계기가 있나요?"

그녀는 마흔이 넘고 중년이 되면서, 단순히 직업을 바꾸는 것을 넘어, 삶의 방향 자체를 점검하고 재정비하고 싶다고 했다.

"직업적 변화를 고민하게 된 이유가 있을까요?"

"누군가의 중요한 시기에 조언자가 되고 싶어졌어요."

그녀는 상담과 코칭을 접목해 사람들에게 도움을 주고 싶다는 강한 열망을 내비쳤다. 사실 코칭은 점점 더 개인화되고 전문화된 방식으로 사람들의 삶에 새로운 파트너십으로 자리 잡는 중이다. 변화하는 사회와 환경에 적응하고, 더 높은 수준의 만족감을 얻기 위해 많은 사람들이 코칭을 찾고 있다.

마침 나는 코치 양성 과정을 준비 중이었고, 몇 차례 더 상담을 이어간 후 그녀는 코치 양성 과정에 합류했다. 결국, 그녀는 과정을 무사히 수료하고 코치 자격을 취득했다. 그리고 현재, 다양한 고객을 만나며 코칭을 실천하고 있다. 이직을 고민하는 청년, 대학생의 목표 설정을 돕는 진로 지도, 상담과 코칭을 접목한 프로그램 지원까지 그녀의 활동은 더욱 확장되고 있다. 하지만 그녀가 '코치'라는 직업을 자신의 두 번째 커리어로 받아들이기까지는 쉽지 않은 과정이 있었다. 다음은 그녀가 직접 전한 성장의 기록이다.

"새로운 시작을 준비하며"

20대 초반부터 다양한 분야에 도전하며 살았습니다.

대기업 근무를 시작으로 미술 학원 강사, 유치부 교사로 살아왔지만, 결혼 후 아픔을 겪으며 모든 직장 생활을 정리하게 되었습니다. 세상과 단절된 채 5년 가까이 정지된 시간을 보냈죠. 그러다 문득 깨달았습니다.

"이제 다시 일어서야 해."

그러던 중, 2021년 3월. 공백을 깨고 사회로 발을 내디뎠습니다. 우연히 '4차 산업 융합 전문 지도사 양성 과정'이라는 프로그램을 접했고, 망설임 없이 신청했습니다. 교육과정이 시작되자 비슷한 또래의 교육생들과 나누는 대화가 편안했고, 어느새 옛 친구처럼 가까워졌습니다. 그리고 어느 날, 취업 준비를 위한 '입사 서류 작성법' 강의가 진행되었습니다.

솔직히 말하면, 그날 강의는 다소 딱딱할 거라고 예상했습니다. 하지만 강사님의 첫 마디가 예상과는 달랐습니다.

"여러분, 자기소개서에 자신을 어떻게 표현하고 싶으세요?"

"어떤 방식으로 자신을 소개하든, 여러분은 이미 빛나는 존재입니다."

그 순간, 내 안에서 깊은 울림이 일어났습니다.

"그래, 나는 어디에서든 필요한 존재였지."

그동안 잊고 있었던 생각이 떠오르며 가슴이 뭉클해졌습니다. 짧은 한마디였지만, 나는 다시 나 자신을 사랑해야 한다는 사실을 깨달았습니다. 강의가 끝나고, 빼곡히 적은 노트를 보여드리며 감사의 인사를 전했습니다.

"언제든 찾아오세요."

강사님의 따뜻한 말에 나는 언젠가 꼭 다시 찾아뵈리라 마음먹었습니다.

그날 이후, 나는 다시 도전하기로 했습니다. 드론 국가 자격증을 취득했고, 정식 교관까지 도전해 선임 교관으로 활동하게 되었습니다. 그리고 학교에서는 드론 강사로 바쁘게 움직이며, '여리고 약했던' 한계를 넘어 '자부심을 가진 존재'로 성장해 갔습니다.

그리고 3년 후, 약속을 지키기 위해 찾아뵈었습니다. 강사님은 이제 '코치'로 변해 있었습니다. 낯설었지만, 여전히 진심으로 나를 대해 주셨습니다. 오랜만에 내 안의 쌓인 마음을 하나하나 꺼내놓았습니다. 그리고 나는 깨달았습니다.

"이제는 나도 누군가의 변화를 돕고 싶다."

"코칭은 누군가의 존재를 발견하는 일"

코치 인증 과정에 필요한 코칭을 진행하며 한 가지를 깊이 깨달았습니다.

한 사람을 이해한다는 것은, 마치 빙하 아래 깊숙이 자리한 보이지 않는 세계를 탐험하는 것과 같고 표면적으로 드러난 문제 너머에 숨겨진 감정과 욕구를 발견할 때, 비로소 진정한 필요를 알게 된다는 것을 말입니다.

가장 기억에 남는 코칭 경험은 네 살 위 언니와의 대화였습니다. 처음으로 언니가 자신의 꿈을 이야기했습니다. 한 번도 말하지 않았던, 마음 깊이 간직해 온 꿈이었습니다.

"있잖아, 동생아. 나는 그 꿈을 꼭 이룰 거야!"

꿈을 말하는 언니의 모습은 전혀 다른 사람이 되어 있었습니다. 그 전에는 내가 듣고 싶은 이야기만 들었기에, 언니의 진짜 모습을 보지 못했습니다. 하지만 코칭을 통해 깊이 듣는 법을 배우자, 언니가 처음으로 자신의 꿈을 입 밖으로 꺼냈습니다.

그 순간, 나는 깨달았습니다.

"아, 이것이 코칭의 힘이구나."

"코칭은 삶의 방향을 재발견하도록 돕는구나."

이제는 힘들어하는 고객들 앞에서 마냥 한숨만 짓지 않습니다.

"지금까지 살면서 가장 보람 있었던 일은 무엇인가요?"

질문을 통해 고객이 자신의 긍정적인 경험을 떠올리게 하면, 그 에너지는 이전과는 확연히 달라집니다.

코칭을 배우면서, 나 자신과도 코칭 대화를 나누기 시작했습니다.

"지금 내가 붙잡고 있는 것은 무엇이지?"

질문을 던지면, 마음이 멈춰 서고, 속마음을 깊이 들여다보게 됩니다. 그 순간, 내 안에 머물던 답답함이 서서히 사라지는 걸 경험합니다.

5년 후, 10년 후, 변화된 나의 모습을 그려보며 나는 혼자서도 설렙니다. 그리고 확신합니다.

코칭은 내 삶을 바꾸었고, 이제 나는 누군가의 변화를 함께 만들어갈 것이다.

*

코칭은 단순한 직업적 성장이 아니라, 삶의 방향을 재발견하는 과정이다.
코칭을 활용해 새로운 커리어를 설계하는 법을 배우자.

조나단의 코칭 노트

상황의 재구성을 돕는 임파워링 코칭

- 가능한 다른 관점은 무엇인가요?
- 이 경험으로 당신의 인생에서 얻고 싶은 배움은 무엇인가요?
- 이 경험과 사람이 성장 및 기회로 이어질 수 있는 부분이 있다면?
- 이 경험으로부터 축복을 찾아낼 수 있다면 무엇인가요?
- 삶이 당신을 위해 일하고 있고 모든 도전이 당신에게 무언가를 가르치도록 설계되었다고 가정한다면 선물이나 교훈은 무엇입니까?

출처 : MCCI 코칭멘토링- 임파워링 스토리 재구성

‖3‖

판단을 내려놓을 때, 진짜 존재가 보인다

코치와 리더는 조언자일 뿐, 모든 문제를 해결하지 않는다.
스스로 더 나은 결정을 내릴 수 있도록 신뢰를 유지하고 격려할 뿐이다.

40대 후반, 산림공무원으로 일하는 한 코치님이 찾아왔다. 그는 사춘기를 갓 지난 아들의 아버지이자 직장에서 후배들을 이끄는 선배였다. 늘 '올바른 조언을 해야 한다.'는 강한 의무감이 자리 잡고 있었다.

"어떤 말을 해야 할까?"

"이렇게 말한 것이 잘한 것일까?"

그는 중요한 순간마다 끊임없이 고민했다. 하지만 가정과 직장에서 나누는 대화는 점점 꼬여갔고, 보이지 않는 벽이 생기기 시작했다.

"정말 매 순간이 고민입니다. 특히 아들과의 관계가 점점 어려워지고 있어요."

"어디서부터 잘못된 걸까요?"

그의 입술이 떨렸고, 목소리는 점점 작아졌다.

"이십 대 청년들에게는 조언자가 필요하다고 생각했지만, 혹시 꼰대처럼 보일까 봐 조심스러워요."

그동안 '배려'라는 이름으로 상대의 문제에 개입했지만, 오히려 오해를 만들었다. 그는 수많은 책을 읽고 고전을 뒤져봤지만, 올바른 소통 방식이 무엇인지 답을 찾지 못했다고 한다.

그는 이미 공직문학상 국무총리상을 받을 정도로 작가로서의 경력도 있었고, 2권의 책을 출간할 정도로 성실했다. 하지만 자존감은 바닥을 쳤고, 작가로서의 명성도 관계를 개선하는 데 도움이 되지 않았다. 그러다 우연히 코칭을 만났다.

"한 번쯤 배워두면 인생에 도움이 될 거야."

지인의 조언으로 시작한 코칭이 그의 삶을 변화시켰다.

판단을 내려놓으니 새로운 관계가 보였다

그는 '200% 삶의 ACE 코칭'을 배우며 코칭의 효과를 다시 깨닫기 시작했다. "처음엔 '관계를 개선하는 기술' 정도로 생각했어요. 그런데 배우면서 코칭은 단순한 대화 기술이 아니라, 상대방과 진심으로 연결되고, 상대가 스스로 답을 찾도록 돕는 과정이라는 걸 깨달았어요."

이제 그는 직장 후배들과의 관계는 물론, 아들과의 관계도 달라질 것 같은 기대감을 느끼고 있었다.

"그동안 제가 했던 가장 큰 실수는 상대를 내 기준에서 판단하고 해석했던 거였어요."

그는 문제를 해결하려 하기보다 먼저 상대를 이해해야 한다는 걸 배웠다.

며칠 뒤, 아들의 방에서 신용카드가 담긴 봉투를 발견했다. 순간 그의 머릿속을 스친 생각.

'아니, 아직 취직도 안 한 녀석이 신용카드를 만들다니?'

화가 치밀어 올랐지만, 이번에는 달랐다. 그는 한 박자 멈추고 아들에게 전화했다.

"아들아, 신용카드가 있던데, 왜 만들었는지 아빠에게 이야기해 줄래?"

아들은 전화기 너머로 웃으며 답했다.

"아, 아빠! 그거 직업교육 받을 때 지원금 넣어줄 카드가 필요해서 기관에서 개설해 준 거예요."

그는 순간 아찔했다. 만약 그때 화부터 냈다면? 아들은 억울해하고, 관계는 더 멀어졌을 것이다.

이번에는 코칭을 배우며 익힌 '질문'이 관계를 바꿨다. 그는 가족뿐만 아니라 직장에서도 같은 원칙을 적용했다. 사촌 형수가 췌장암 말기 판정을 받았을 때도 마찬가지였다.

형님은 깊은 절망에 빠져 있었다.

"형님, 지금 심정이 어떠세요?"

"그냥… 죽고 싶네."

"그 누구도 형님의 마음을 온전히 이해할 순 없겠죠."

이전 같았으면,

"형님! 힘내세요. 가족을 생각해야죠."

라고 위로했을 것이다. 하지만 이번에는 달랐다.

"형수님 곁에는 형님이 꼭 필요한데…. 이런 상황을 형수님이 아시면 어떨까요?"

형님은 잠시 침묵하더니 말했다.

"내가 너무 약한 마음에 손 놓고 있었나 보네."

그는 아내를 위해 더 이상 시간을 낭비하지 않겠다고 다짐했다.

내가 결정하지 않는다

"이번 일로 제 방식이 완전히 바뀌진 않겠지만, 이제 어떤 방향으로 가야 할지는 알 것 같습니다."

코칭을 통해 그는 자신의 역할을 새롭게 정의하고 있었다. 코칭에서 질문은 때때로 자신을 망설이게 한다. 하지만 깊이 생각하게 하면서, 진짜 필요한 대답을 찾도록 도와준다.

노자는 말했다.

"방향을 바꾸지만 않는다면, 결국 목적지에 도착할 것이다."

괴테 역시 이렇게 말했다.

"사람을 그 사람 자체로 대하면 그는 그저 그런 사람이지만, 될 수 있는 존재로 대하면 그는 그러한 사람이 된다."

코치가 고객을 판단하지 않고 가능성을 바라볼수록, 고객은 더 나은 존재로 성장한다.

코칭이 끝나고 우리는 다짐했다.

"코치님, 저와 한 가지만 약속해 주실래요?"

그것은 바로, '결론은 내가 내리지 않는다.'였다.

모든 결정은 내가 아닌, 고객이 내린다. 이것이 코칭의 핵심 마인드셋이다. 대화가 끝난 후, 그는 말했다.

"아들의 웃는 목소리가 귓가에 맴도는 것만 같아요."

그의 변화가 시작된 순간이었다.

*

우리는 끊임없이 스스로를 판단하며 가능성을 제한한다.
코치가 판단을 내려놓을 때, 진정한 고객의 모습과 잠재력을 발견할 수 있다.

조나단의 코칭 노트

인워드 마인드셋(inward_mindset) VS 아웃워드 마인드셋(outward_mindset)

인워드 마인드셋(Inward Mindset)

자기중심적 사고을 뜻하며, 다른 사람을 목표를 달성하기 위한 도구나 장애물로 보는 입장이다. 따라서 코치가 자신이 원하는 대답을 끌어내려 하거나, 피코치자(코칭 받는 사람)를 수정하거나 원하는 태도를 갖도록 유도하고 자신의 경험과 논리를 시도하려고 하는 생각을 일컫는다

아웃워드 마인드셋(Outward Mindset)

공유적 사고를 염두에 두고 있으므로 상대의 필요와 목표를 고려하는 입장이다. 피코치자(코칭 받는 사람)의 가능성과 의지에 집중하고 질문을 통해 필요성을 우선적으로 경청함으로써 신뢰를 바탕으로 한 대화 속에서 존재를, 내적 동기부여를 자극해 가는 과정을 일컫는다.

구분	인워드 마인드셋	아웃워드 마인드셋
기본 개념	자기 중심적 사고 타인을 도구로 여김	타인 중심적 사고타인을 목적 있는 존재로 존중
타인의 관점	타인의 필요와 감정을 고려하지 않음	타인의 관점과 필요를 인식하고 공감
문제 해결 방식	자신의 목표 달성에 초점. 타인을 수단으로 사용	상호 협력을 중시하고, 팀워크를 고려
코칭 접근법	피코치자의 변화를 강요하거나 주입하려고 함	피코치자의 강점과 가능성을 발견하고 성장을 지원
질문 스타일	폐쇄형 질문 (이렇게 하는 게 맞죠?)	개방형 질문 (당신은 어떻게 생각하시나요?)
코칭 목표	문제 해결과 즉각적인 성과에 초점	피코치자의 지속적인 성장과 내적 동기부여에 초점

마인드셋 변화의 핵심

"상대를 바꾸려 하지 말고, 스스로 변화할 수 있도록 돕자."

"코칭은 답을 주는 것이 아니라, 스스로 답을 찾게 하는 과정이다."

아웃워드 마인드셋을 갖춘 코치는 상대를 이해하는 태도로 질문하며, 스스로 성장할 수 있도록 신뢰를 기반으로 한 대화를 만들어간다.

출처 : 인워드 마인드셋과 아웃워드 마인드셋은 아빈저연구소(Arbinger Institute)에서 개발한 개념이다.

4

AI 시대, 연결지능이 승부를 가른다

사람을 움직이는 리더는 맞고 틀린 것을 따지지 않는다.
옳은 방향을 제시할 때, 사람들은 자연스럽게 따라오게 된다.

코칭을 배우면서 가장 크게 변화한 점은 인간관계를 바라보는 방식이었다. 나는 가족과 주변 사람들을 존중한다고 생각했지만, 사실은 나도 모르게 편견과 습관적인 말투로 상대에게 상처를 주고 있었다. 인간관계에서 가장 기본적인 원칙을 잊을 때, 관계의 틈은 벌어진다.

내 욕구가 앞서면 불필요한 감정이 개입되고, 대화는 쉽게 거칠어진다. 아내와 자녀들이 내 행동을 지적하면 잔소리로 들렸고, 누군가 내 태도를 지적하면 불편한 기분이 들었다.

'어떻게 하면 상대를 진정으로 존중할 수 있을까?' 나는 그럴 때마다 『오디세이아』 속 한 장면을 떠올린다. 서양 고전의 대표작인 『오디세이아』에는 주인공 오디세우스가 귀향하는 과정에서 다양한 모험을 겪는 이야기가 담겨 있다. 그중에서도 '우티스(Outis, 아무도 아님)' 이야기가 특히 유명하다.

오디세우스와 그의 부하들은 항해 도중 거대한 외눈박이 식인 거인 '폴리페모스'가 사는 섬에 도착한다. 폴리페모스는 병사들을 잡아먹기 시작했고, 오디세우스는 위기의 순간에 지략을 짜냈다. 그는 거인에게 술을 마시게 한 후 자신의 이름을 묻는 거인에게 이렇게 대답했다.

"나는 '아무도 아님(Nobody)'이다."

술에 취한 폴리페모스가 잠든 사이, 오디세우스는 그 거인의 외눈을 찌르고 탈출을 시도한다. 통증에 괴로워하던 폴리페모스는 친구들을 불러 도움을 요청한다.

"도와줘! 나를 공격한 놈은 '아무도 아님'이야!"

거인들의 친구들은 "아무도 공격하지 않았다면 네가 스스로 벌을 받은 것"이라며 그를 내버려두고 떠나간다.

이 장면에서 나는 깊은 깨달음을 얻었다. 위기의 순간, 진정한 리더는 '아무도 아닌(Nobody)' 존재가 되어야 한다.

"아무도 틀리지 않았다."라는 관점

만약, 리더가 '아무도 아님(Nobody)'이 될 수 있다면, 조직에서 일어나는 문제를 맞고 틀린 것의 기준으로만 바라보지 않게 된다. 우리는 종종 상대방의 의견이 내 생각과 다르면 '틀렸다.'라고 단정 짓는다. 하지만 '아무도 틀리지 않았다(Nobody gets to be wrong).'는 관점에서 보면, 모든 의견은 존중받을 가치가 있다. 다른 의견이 '틀린 것'이 아니라 그저 '다를 뿐'이라는 사실을 인정하는 순간, 갈등을 해결할 수 있는 새로운 시야가 열린다.

나는 코칭을 통해 '모른다.'의 가치를 배웠다. 상대방을 존중하는 태도는 '그 사람의 삶과 방식을 모른다는 전제에서' 출발해야 한다. 상대의 삶을 알고 있다고 가정하면, 어느 순간부터 그를 내 틀에 맞추려 하게 된다. 하지만 '모르니 그럴 수도 있다.'라는 호기심으로 상대를 바라보면 더 깊이 이해할 수 있다. 이것이 코칭 리더십의 핵심이다.

코칭 리더십은 타인의 가치관과 신념을 존중하는 데서 시작하며, 리더가 '아무도 아님(Nobody)'이 될 수 있는가에 달려 있다.

AI 시대, 성공의 핵심은 '연결지능(Connected Intelligence)'

AI 시대의 성공 요인은 단연코 연결지능(CI)이라고 생각한다. 연결지능이 높은 사람은 다양한 정보와 기술을 결합해 새로운 가치를 창출할 수 있다. 지금 사회가 필요로 하는 인재는 단순히 지식이 많은 사람이 아니다.

- 스스로 생각하고, 목표를 위해 창의적으로 움직이는 사람
- 타인과 협력하여 시너지를 창출할 수 있는 사람

AI가 인간을 대신하는 시대, 결국 승자는 '연결할 수 있는 능력'에서 갈린다. 인공지능이 아무리 뛰어나도 사람을 이해하고 협력하는 능력이 없다면 한계를 가질 수밖에 없다. 기업과 조직도 마찬가지다. AI 기술이 발달해도, 사람을 존중하고 연결하는 리더십이 없다면 지속 가능한 성공을 보장할 수 없다.

연결지능이 높은 리더는 구성원의 잠재력을 이해하고, 동기를 부여하며, 더 나은 성장을 이끄는 사람이다. 지금 이 시대에 리더가 갖춰야 할 가장 중요한 역량은 바로 '아무도 아닌(Nobody)' 존재가 되어, 사람들을 연결하는 것이다.

이제, '아무것도 아닌(Nobody)'이 되어보자. 리더로서 조직을 더 성장시키고 싶다면, 먼저 '나는 아무것도 아니다.'라는 태도로 상대를 바라보자. 우리는 결국 사람과 사람을 연결하며 살아간다. 그 연결이 깊어질수록, 개인과 조직의 성장도 함께 커질 것이다.

*

코칭은 개별적 관점으로 새로운 해결책을 찾는다.

AI가 발전할수록, 인간만이 할 수 있는 역할이 중요해진다.

조나단의 코칭 노트

코칭의 이해를 돕는 인문학 추천 도서 & 영화

도서

『갈매기의 꿈』 - 리처드 바크

『오디세이아』 - 호메로스

『성공하는 사람들의 8번째 습관』 - 스티븐 코비

『오즈의 마법사』 - 라이먼 프랭크 바움

『사자와 세 마리 물소』 - 몽세프 두이브

영화

〈먹고 기도하고 사랑하라〉 - 줄리아 로버츠 주연의 자기 성장 이야기

〈홀랜드 오퍼스〉 - 음악을 통해 삶을 변화시키는 이야기

〈카모메 식당〉 - 사람들과의 따뜻한 연결을 그린 작품

‖ 5 ‖

좋은 코칭의 7가지 원칙

코치가 올바른 역할과 태도를 가질 때, 비로소 좋은 코칭이 이루어진다.

당신에게는 인생 코치가 있는가?

실리콘밸리에는 빌 캠벨(Bill Campbell)이라는 코치가 있었다. 사람들은 그를 '1조 달러의 코치'라 불렀다. 그가 이런 별칭을 얻게 된 이유는 애플과 구글을 1조 달러 기업으로 성장시키는 데 기여했기 때문이다. 실리콘 밸리의 많은 CEO가 그의 코칭을 받았다는 사실을 알게 되었을 때, 나는 큰 충격을 받았다. 이미 리더십이 '코칭'이라는 도구를 통해 발현되고 있다는 사실을 확인했기 때문이다.

그를 처음 알게 된 것은 2021년 4월이었다. 나는 당시 전문 코치 인증 2단계를 준비하며 코칭을 깊이 배우던 중이었다. 그런데 2016년 그가 세상을 떠났을 때, 실리콘밸리의 리더 1,000명이 장례식장에 모여 그를 추모했다는 사실에 더욱 놀랐다.

구글의 창업자 래리 페이지와 세르게이 브린, 페이스북의 셰릴 샌드버그 등 수많은 글로벌 리더들이 "빌이 없었다면, 지금의 우리는 없었을 것이다."라고 말하며 그를 기렸다.

빌 캠벨이 남긴 철학을 계승하기 위해, 구글 CEO를 지낸 에릭 슈밋과 조너선 로젠버그는 『빌 캠벨, 실리콘밸리의 위대한 코치』라는 책을 출간했다. 나는 이 책을 통해 코칭을 이전과 다른 새로운 시각으로 바라보게 되었다.

처음에는 강의에 활용할 목적으로 배웠던 코칭이 이토록 강력한 리더십 도구라는 사실을 알지 못했다. 빌 캠벨은 단순한 코치가 아니라, 사람과 조직의 잠재력을 극대화하는 리더였다. 실리콘밸리의 리더들은 지금도 중대한 결정을 내릴 때마다 이렇게 자문한다고 한다.

"빌이라면 어떻게 했을까?"

나에게도 '빌 캠벨' 같은 인생을 바꾼 두 분의 멘토 코치님이 계신다.

한 분에게는 코칭의 기술과 대화 프로세스를 배웠고, 다른 한 분에게는 코치가 가져야 할 태도와 성찰 능력을 배웠다. 두 분의 가르침 덕분에 나는 마인드셋(Mindset)과 스킬셋(Skillset)을 균형 있게 정립할 수 있었다.

무엇보다도, 문제를 바라보는 태도 자체가 달라졌다.

- 과거에는 문제가 발생하면 회피하거나 과장해서 해석했다.
- 이제는 문제를 '성장'의 기회로 삼고, 해결 중심 사고를 하게 되었다.

이런 변화는 나의 삶의 중심을 잡아주었고, 치앙의 도움을 받은 조나단처럼 코치로서 더욱 단단한 기반을 다지는 계기가 되었다.

"빌이라면 어떻게 했을까?"

최근 다양한 고객을 만나면서-나는 실리콘 밸리의 CEO들이 했던 질문을 떠올린다.

그들이 "빌이라면 어떻게 했을까?"라고 자문했던 것처럼, 나는 "코치로서 지금 어떻게 해야 하는가?"를 스스로에게 묻는 날이 많아졌다.

특히 코칭 세션을 시작하기 전, 나는 아래 4가지 질문을 반드시 점검하게 되었다.

코칭 전, 스스로에게 던지는 4가지 질문

1. 고객의 진짜 성장 동기는 무엇인가?
2. 고객은 지금 어디에 주의를 집중하고 있는가?
3. 나는 고객을 얼마나 깊이 이해하고 있는가?
4. 나는 어떤 믿음으로 고객과 소통하고 있는가?

이 질문을 반복하면, 자연스럽게 코치로서의 마인드셋(Mindset)이 정열

된다. 나는 이 질문을 매일 수시로 읽으며 코치로서의 본분을 잊지 않으려 한다. 그리고 코칭을 하면서 고객에 대한 호기심을 잊지 않겠다고 다짐한 3가지 원칙을 추가했다.

5. 모든 고객은 변화할 수 있다.
6. 지식에만 의존하지 않는다. (지식의 함정에 빠지지 말 것!)
7. 결론은 코치가 아닌, 고객이 내린다.

이 원칙들은 불안한 순간에도 내가 중심을 잃지 않도록 돕는 나침반이 되었다. 무엇보다 고객과 신뢰를 바탕으로 안전하고 친밀한 관계를 형성하는 데 큰 역할을 했다.

어느 날, 코칭을 받았던 고객에게서 피드백이 도착했다.

"코치님, 코칭 이후에 '이번 일이 나에게 의미가 있을 거다.'라는 코치님의 말이 계속 생각났어요. 전에는 답을 자꾸 외부에서 찾으려 했는데, 이제는 제 안에서 답을 찾아보려고 합니다. 덕분에 저 자신을 더 객관적으로 볼 수 있게 되었어요. 정말 감사합니다."

고객은 자신의 문제를 외부에서 찾는 것이 아니라, 내면에서 답을 구하기로 했다고 말했다.

그 메시지를 읽는 순간, 나도 모르게 감사함이 밀려왔다. 그 순간 한 문장이 떠올랐다.

"우리가 하는 일의 열매는, 다른 사람의 나무에서 열린다."

삶에서 좋은 열매를 맺도록 돕는 것, 그것이 바로 코치의 역할이다.

*

코칭에도 잘하는 코칭과 탁월한 코칭이 있다.

조나단의 코칭 노트

좋은 코칭을 위한 7가지 핵심 원칙

1. 고객의 '진짜' 성장 동기를 찾는다.
2. 고객이 집중하는 지점을 이해한다.
3. 고객을 있는 그대로 받아들이고 존중한다.
4. 코치는 고객을 센터에 두고 바라본다. (고객 스스로 답을 찾도록 돕는다.)
5. 모든 고객은 변화할 수 있다.
6. 지식에만 의존하지 않는다. (정보 제공보다, 고객의 내면 탐색을 돕는다.)
7. 코치는 결론을 내리지 않는다. (결정은 오롯이 고객의 몫이다.)

6

1인 1코치의 시대, 왜 지금 코칭을 배워야 할까?

AI 시대, '초개인화 서비스'가 핵심이 되고 있다.
그리고 코칭은 그 중심에 있다.

AI 기술이 발전하면서 초개인화(Hyper-Personalization) 서비스가 일상화되고 있다.

이제 개인이 원하는 맞춤형 서비스가 필수가 된 시대다. '미래에는 1가구 1휴머노이드 시대처럼, 1인 1코치의 시대가 올 것'이 예상된다. 기업과 리더십의 변화 또한 초개인화 방향으로 나아가고 있다. 이것은 사극 〈대장금〉의 한 장면을 떠올리게 한다.

'대장금'이 보여준 초개인화 리더십

한류 열풍을 일으킨 드라마 〈대장금〉은 최고 시청률 57.8%를 기록한 명작이다. 이 드라마는 한국의 음식과 전통문화를 세계 60여 개국에 알렸다. 드라마 속 궁중 수라간에서 최 상궁과 한 상궁이 '최고 상궁' 자리를 놓고 요리 대결을 펼친다. 주제는 '맛있는 밥 짓기'였다.

- 최 상궁이 지은 밥은 "최고의 재료와 기술을 활용해 완벽하게 찰진 밥"이었다.
- 한 상궁이 지은 밥은 "평범한 밥"이었다. 그러나 최고 상궁은 한 상궁에게 돌아간다.

한 상궁이 지은 밥은 평범했지만 개개인의 취향을 반영한 맞춤형 밥이었다. 단단한 밥을 선호하는 임금에게는 물이 적은 부분을, 부드러운 밥을 좋아하는 중전에게는 물이 많은 부분을 제공했다. 그리고 수라간 나인들의 식성까지도 고려하여 밥을 지었다. 개인별 취향을 반영한 한 상궁의 요리는 '맞춤형 서비스'가 승리하는 시대를 상징적으로 보여준다.

리더십도 마찬가지다. 단순히 획일적인 방식이 아니라, 구성원의 특성을 파악하고 맞춤형으로 접근할 때 더 큰 성과를 얻을 수 있다.

코칭도 '초개인화'로 변화하고 있다

코칭 역시 1:1 맞춤형 서비스로 진화하고 있다. 이제 특정 직업군이나 고위 리더들만 받던 코칭이 아니라, 누구에게나 필요한 '필수 지원 시스템'으로 자리 잡고 있다.

세계 코칭 시장 규모는 현재 1조 원 이상이며 2029년에는 약 3조 원 규모로 성장할 것으로 전망된다. 한국의 비즈니스 코칭 시장 또한 매년 7~10% 성장이 예상되고 있다. 이미 실리콘밸리의 CEO들은 코칭의 효과를 입증하고 있다. 1:1 코칭은 이제 개인의 성장과 성공을 위한 필수 도구로 자리 잡고 있다.

최근, 대학생 2명을 대상으로 1:1 진로 코칭을 진행했다. 먼저, 그들의 흥미와 취향을 탐색하며 대화를 시작했다.

A 학생: "최근 즐겨보는 유튜브나 드라마가 있나요?"
"저는 과학 분야 영상을 구독하고, '유퀴즈' 같은 인터뷰 프로그램을 자주 봅니다."
"특히 그 프로그램을 좋아하는 이유는요?"
"몰랐던 정보를 얻는 게 좋고, 사람들의 성장 스토리를 듣는 게 흥미로워요."

이 대화를 통해, A 학생이 '깊이 있는 정보'와 '사람들의 성장 과정'에 관심이 많다는 것을 알 수 있었다.

B 학생: "저는 사회적인 이슈를 다루는 일을 하고 싶어요. 사회문제 해결에 기여하는 일을 해보고 싶어요."

이처럼 요즘 20대는 단순히 '취업'이 아니라, '자신만의 라이프 스타일'을 찾는 것에 집중하고 있다. 어느 취업 전문가는 이렇게 말한다.

"MZ세대에게 취업의 가치는 하락하는 반면, 진로의 가치는 상승하고 있다."

즉, 단순히 직업을 구하는 것이 아니라 자신만의 인생 로드맵을 설계하는 시대가 온 것이다. 이것은 중장년층에게도 동일하게 적용된다. 은퇴 후 경력 전환, 자기 계발 & 재취업, 새로운 기술 습득 등 이 모든 과정에서 코칭은 필수적인 역할을 하게 된다.

최근, 경력 단절 여성들을 대상으로 코칭을 진행했다. 그중 60대 고객 한 분은, 코칭을 통해 자신의 인생 방향을 새롭게 정리했다.

"코칭을 받으면서 어떤 부분이 달라졌나요?"

"제일 큰 변화는 '저를 있는 그대로 받아들이게 된 것'이에요."

"과거에는 항상 주변과 비교했지만, 이제는 비교하지 않고 저 자신을 인정할 수 있게 됐어요."

"그 변화가 몸으로 어떻게 느껴지세요?"

"마음이 한결 가볍고 편안해졌어요."

이 고객은 온전히 '본래의 자신'으로 머물며 정체성을 회복했다. 그 결과, 오랫동안 마음속에 자리 잡고 있던 불안과 염려가 점점 사라지는 것을 경험했다.

- 이것이 바로 코칭이 제공하는 '존재 방식(Way of Being)의 힘'이다.
- 진정한 자기 이해를 통해, 고객은 스스로 변화할 동기를 갖게 된다.

1:1 코칭은 고객에게 '심리적 안전감'을 제공한다. 그뿐 아니라 3가지의 효과를 증대시킨다.

코칭을 통해서, 자신의 잊힌 존재감을 되찾을 수 있게 된다. 그다음, 삶의 방향이 명확해지고, 동기가 유발된다. 마지막은 문제 해결의 마인드셋을 갖게 된다. 바로 높아진 동기를 통해서 문제를 해결해 갈 수 있게 되는 것이다.

동기는 심해 다이버의 '산소'와 같다. 산소 공급이 멈추면 생명을 유지할 수 없듯이, 동기가 사라지면 성장도, 리더십도, 기회도 모두 멈춘다.

우리 안의 동기를 유지하는 가장 효과적인 방법은 계속된 자극과 질문을 받고, 내면의 소리를 들을 수 있는 코칭 대화에 참여하는 것이다.

'1인 1코치 시대'는 이미 다가오고 있다. 더 이상 먼 미래가 아니다. 코칭을 성장의 도구로 활용하는 사람들은 지금까지와는 완전히 다른 수준의 리더십을 발휘할 것이다.

"AI가 바꿀 수 없는 것은 인간의 성장과 변화다."

그리고 그 변화를 돕는 가장 강력한 도구가 바로 코칭이다.

※

코칭은 기업의 성장뿐만 아니라 사람들의 잠재력을 극대화한다.

7

코칭이 불러오는 변화의 물결

나는 할 수 있다(Yes, I Can). 그리고 나는 해낼 것이다(Yes, I Will).

마흔이 되면서 차례로 부모님을 떠나보냈다. 그 이별은 내 삶을 다시 돌아보게 만든 결정적 계기가 되었다.

"어떻게 살아야 할까?"

"나는 무엇을 위해 살아가야 하는가?"

30대 내내 불안과 방황을 겪으며 삶의 중심을 잡지 못했던 나는, 부모님과의 이별을 통해 새로운 방향을 찾기 시작했다. 그때부터 책이 나침반이 되었다. 『논어』를 처음 읽었을 때와 『데일 카네기 인간관계론』을 읽었을 때는 인생 교과서를 만난 것처럼 희열이 있었고 『성공하는 사람들의 7가지 습관』은 깊은 흥분을 안겨주었다. 마치 존경하는 멘토와 대화하는 기분이었다.

최근, 내 인식을 바꾼 짧은 이솝우화 이야기를 소개하고 싶다.

개미와 비둘기 - 누구도 완벽하지 않다

어느 날, 개미가 물에 빠져 허우적대고 있었다. 지나가던 비둘기는 그를 보고 그냥 지나치지 않았다.

"개미야, 내가 어떻게 도와주면 좋을까?"

비둘기는 고민 끝에 나뭇잎 하나를 떨어뜨려 주었다. 개미는 힘껏 나뭇잎 위로 올라섰고, 하늘을 향해 날아가는 비둘기에게 말했다.

"고마워! 내가 언젠가 너를 꼭 도와줄게."

그렇게 둘은 헤어졌다. 얼마 후, 비둘기가 포수에게 표적이 되는 위기를 맞았다. 개미는 망설이지 않고 포수의 종아리를 세게 물었다.

개미에게 물린 포수는 깜짝 놀라 활을 놓쳤고, 그 틈을 타 비둘기는 재빨리 날아올라 위기에서 벗어났다.

이솝우화는 우리에게 강력한 메시지를 던진다.

"아무도 도와주지 못할 정도로 무가치한 존재는 없다. 그리고 누구도 완벽해서 도움이 필요하지 않은 사람은 없다."

그만큼 우리는 서로 도우며 살아가는 존재라는 것이다.

혼자서 완벽할 수 없기에, 코칭이 필요한 이유도 바로 여기에 있다.

<이태원 클라쓰> 속 협력 리더십

드라마 〈이태원 클라쓰〉에는 주인공 '박새로이'가 자신의 가게를 오픈한 후, 골목 상권을 살리기 위해 이웃 가게들의 간판을 교체해주는 장면이 나온다. 그가 왜 이런 행동을 했을까?

그것은 단순한 친절이 아니라, '함께 성장하는 사회'를 만들겠다는 의지였다. 성공을 혼자 이루는 것이 아니라, '협력자'와 함께 만들어가는 과정으로 본 것이다.

이것은 내가 진행하는 〈비거게임 리더십(Bigger-Game Leadership)〉 프로그램에서 강조하는 요소다. 리더는 협력자를 얻고, 지속 가능한 성공을 만들어가야 한다는 것이다.

열정이 만드는 더 큰 성장

『정상에서 만납시다』의 저자 지그 지글러는 이렇게 말한다.

"내가 다른 사람이 원하는 것을 가질 수 있도록 돕는다면, 나도 원하는 모든 것을 가질 수 있다."

그의 말처럼 코칭 또한 타인의 성장을 돕는 과정이며, 그 과정에서 우리 자신도 성장하고 더 큰 열정을 갖게 된다. 나는 조나단들과 함께 비상하는 세상을 꿈꾸고 있다.

그리고 나 자신이 가장 빛났던 순간 또한, 교육과 코칭을 통해 사람들을 도울 때였다.

나는 무엇을 할 때 시간이 가는 줄 모르는가?

내가 코칭을 통해 청년들의 취업 준비를 돕고, 면접을 지도하고, 사회로 나아가도록 이끌 때 나의 존재감이 가장 높았다. 그 열정이 면접 코칭과 대학생 스피치 과정을 이어가게 했고, 이후에 '조나단 스쿨'이 시작되는 계기가 되었다.

또 개인적으로 열정을 지속하기 위해, 10년 넘게 '습관 다이어리'를 적고 있다. 그리고 최근, '7가지 자기 경영 원칙'을 다듬어 다이어리에 새롭게 활용 중이다.

7가지 자기 경영 원칙

1. 나의 '위치'를 제대로 인식하라.
2. 지금 무엇이 중요한지를 스스로 질문하라.
3. 작은 것이라도 상대방에 대한 기대를 내려놓아라.
4. 우연에 기대고 기회를 활용하라.
5. 독서와 산책을 병행하라.
6. 마음의 평화를 부르고 강점을 촉진하라.

7. 미래의 모습을 떠올려라(1년, 5년, 10년 후).

만약 내가 하는 일이 흥미롭지 않다면? 그 안에서 가치를 창출할 방법을 찾아야 한다. 열정은 혼자 가질 때가 아니라, 다른 사람을 돕고 공유할 때 더 커진다. 개미와 비둘기처럼, 박세로이처럼, 우리도 우리의 열정을 공유할 때, 세상을 더 나은 곳으로 만들 수 있다.

*

코칭은 우리의 성장을 통해, 더 나은 세상을 만든다.

‖8‖

이제, 당신의 갈망을 실현할 때

당신만의 갈망을 깨울 비거게임을 시작하라.
그 안에서 '거인의 힘'을 발견할 것이다.

몇 해 전, 『논어』에서 읽은 한 구절이 읽었다. 사부주피(射不主皮)에 관한 글이었다. 뜻을 풀이하면 "활쏘기의 목표는 단순히 과녁의 가죽을 꿰뚫는 것이 아니다."라는 뜻이다. 과녁을 맞히는 것이 아니라면 진정 중요한 것은 무엇일까? 나는 코칭에 대입해 보았다.

그동안 '좋은 코치'로 성장하기 위해 끊임없이 노력해 왔다. 질문을 만들고, 경청하고, 고객의 문제 해결을 돕는 것— 이것이 코칭의 본질이라 생각했다. 그러나, 그것만이 전부가 아니라는 사실을 깨닫게 되었다.

- 그럼 '무엇이 빠진 걸까?'
- '과녁을 맞히는 것 외에 더 중요한 것은 무엇일까?'

그날 밤, 나는 생각을 거듭했고 『논어』의 다음 문장이 힌트를 주었다.

위력부동과(爲力不同科), 고지도야(古之道也)

“힘의 차이가 있으므로, 각자의 기준을 다르게 적용해야 한다. 이것이 궁도의 본래 정신이다.”

즉, 중요한 것은 ‘결과’가 아니라 ‘과정과 자세’라는 것이다. 활을 쏠 때 화살이 과녁을 꿰뚫었는가보다, 내가 얼마나 집중하고 믿고 있는가가 더 중요하다는 뜻이었다.

이 원리는 코칭에도 그대로 적용된다.

문제 해결과 성과만을 좇는 것이 아니라, 코치가 자기 인식과 자기 관리를 바탕으로 ‘코치다움’을 실현해야 한다. 그리고 코칭의 과정은 ‘코칭다움’이 유지될 때 효과적이다.

코칭의 목적은 코칭이다

“코치가 고객을 관찰하지 못하면, 결국 무엇을 하게 될까요?”

“그건 바로 ‘집착’입니다.”

멘토 코치님과의 대화에서, 나는 코치의 올바른 자세에 대해 다시 생각하게 되었다. 과녁을 맞히는 것이 활쏘기의 전부가 아니듯, 코칭도 단순히 기술이나 질문에만 머물러선 안 된다.

- 코칭의 본질은 '코치다움'을 실천하는 것이며,
- 코치다움은 자기 인식(Self-awareness)과 자기 관리(Self-management)에서 시작된다.

이제 나는 더 깊이 있는 코치가 되기 위해 한 단계 높은 도전을 결심했다. 코치 양성 과정을 시작하기로 한 것이다. 물론 인증을 받아야 하는 과정이 쉽지는 않다. 한국코치협회의 인증 심사를 통과해야 하고 그러기 위해서는 '코치다움'과 '코칭다움'을 프로그램 곳곳에 반영해야 한다. 이전과 달라진 새로운 코칭 역량 기준에 맞춰 과정을 개편해야 했기 때문이다.

나는 비거게임 코리아 대표님과 협의한 후, 곧바로 실행에 돌입했다.

"대표님, 올해 코치 양성 과정을 시작해 보고 싶은데, 가능할까요?"

"좋습니다. 원하는 프로그램을 추진해 봅시다!"

그날부터 나는 전략적으로 프로그램을 기획하고, 인증 절차를 진행했다.

코칭 역량을 '100% 실용성(Human)'과 '100% 영성(Being)'으로 결합하여 코치다움(윤리, 자기 관리)과 코칭다움(관계 구축, 성장 지원)을 체계적으로 구성한 뒤 마침내 3개월의 준비 끝에, 2023년 6월 28일 한국코치협회 인증 프로그램 〈200% 삶의 ACE 코칭〉이 공식 재등록되었다.

그리고 두 달 뒤, 2023년 8월, 전주에서 첫 번째 코치 양성 과정을 개설했다.

"여러분 반갑습니다. 200% 삶의 ACE 코칭 과정을 전주에서 다시 시작할 수 있어 행복합니다!"

비거게임 코리아 김현숙 마스터 코치님의 개강 인사와 함께, 나는 새로운 목표를 향해 활을 당긴 순간을 맞이했다. 나는 코치 자격 과정 개설을 통해 더 많은 코치를 배출하고 싶었다. 내가 코칭이 확산되기를 바라는 이유는 단순했다.

1) 코칭이 있는 가정과 조직은 더 건강해진다.
2) 코칭 대화가 확산되면, 서로의 존재를 인정하는 문화가 형성된다.
3) 코칭은 '빛'과 같다 - 더 많은 사람들이 코칭을 통해 빛나는 존재가 되길 바란다.

이것이 조나단에게 마지막으로 당부한 사랑을 연마하라는 뜻이 아닐까 생각해 보았다.

"코칭은 우리 삶을 변화시킬 수 있다. 시작할 이유는 충분하다."

"200% ACE 코칭은 자신의 인생을 높여준다. 이것은 누구에게나 열려 있다."

200% 삶의 ACE 코칭이란?

200% 삶이란? 일과 성취(Human, 실용성) 100% + 자기 실현(Being, 영성) 100%를 동시에 이루는 삶을 말한다. 단순한 한쪽의 '성공'이 아니라, '완전한 나'로 살아가는 균형 있는 '성장'을 말한다. 일과 존재의 균형을 이루고, 지속 가능한 성장을 추구함으로써 자신의 가능성을 극대화하는 코칭 방식을 제공한다.

현재 한국코치협회 인증 프로그램으로 등록되어 있으며, 코칭 자격 취득을 위한 필수 과정으로 자리 잡고 있다. 더 많은 사람들이 이 과정을 통해 '완전한 나'로 살아가길 바란다.

이제, 당신도 200% 삶을 위한 여정을 시작해 보라.

*

더 이상 미루지 말고, 코칭을 통해 당신의 가능성을 실현하라

이제 당신도 코칭을 시작할 수 있다.

조나단의 코칭 노트

마흔에 코칭을 시작하는 방법

1. 먼저 코칭을 받아라.

코칭을 직접 경험하면, 변화의 힘을 체감할 수 있다.

코칭을 시작하기 전에, 스스로 코칭을 받아보며 자신에 대한 깊은 이해를 키우는 것이 중요합니다. 자신의 삶을 돌아보고, 성장의 영역을 탐구하는 과정에서 코칭의 힘을 체감할 수 있습니다.

2. 코칭 교육을 받아라.

한국코치협회(KCA) 또는 국제코칭연맹(ICF) 인증 과정을 검토한다.

전문적인 코칭 스킬을 배우기 위해 인증된 코칭 프로그램에 참여하세요. 한국코치협회(KCA)와 국제코칭연맹(ICF) 인증 프로그램 등은 신뢰할 수 있는 코칭 기술과 자격을 제공합니다.

3. 관계를 강화하라.

코칭은 '사람과의 관계'가 핵심이다. 타인과의 관계를 강화하라.

적극적으로 경청하고, 공감하는 태도를 기르게 되면 자연스럽게 신뢰를 형성하며 코칭 능력을 강화할 수 있습니다.

4. 특정 분야를 정하라.

경력 코칭, 리더십 코칭, 라이프 코칭 등 자신에게 맞는 분야를 선택하라.

(예 : 커리어 코칭, 진로 코칭, 마인트 코칭, 멘탈 코칭, 웰니스 코칭 등)

5. 작게 시작하라.

가까운 지인이나 후배를 대상으로 비공식적으로 코칭을 시작해 보라.

정식 코칭 이전에 가까운 지인이나 후배를 비공식적으로 코칭하며 경험을 쌓아보세요. 이 과정은 자신감을 키우고 코칭 스타일을 정립하는 데 도움이 됩니다.

코칭의 8가지 핵심 역량

한국코치협회(KCA) 코칭 역량

한국코치협회에서 정의한 코칭에서 필요로 하는 코칭 역량은 다음과 같다.

역량군	역량	핵심 요소
코치 다움	1. 윤리 실천	1) 기본 윤리
		2) 코칭에 대한 윤리
		3) 직무에 대한 윤리
		4) 고객에 대한 윤리
	2. 자기 인식	1) 상황 민감성 유지
		2) 직관과 성찰
		3) 자기 평가
		4) 존재감 인식
	3. 자기 관리	1) 신체적, 정신적, 정서적 안정
		2) 개방적, 긍정적, 중립적 태도
		3) 언행일치
	4. 전문 계발	1) 코칭 합의
		2) 과정 관리
		3) 성과 관리
		4) 전문 역량 계발

역량군	역량	핵심 요소
코칭 다움	5. 관계 구축	1) 수평적 파트너십
		2) 신뢰감과 안전감
		3) 존재 인정
		4) 진솔함
		5) 호기심
	6. 적극 경청	1) 맥락적 이해
		2) 반영
		3) 공감
		4) 고객의 표현 지원
	7. 의식 확장	1) 질문
		2) 기법과 도구 활용
		3) 의미 확장과 구체화
		4) 통찰
		5) 관점 전환과 재구성
		6) 가능성 확대
	8. 성장 지원	1) 정체성과의 통합 지원
		2) 자율성과 책임 고취
		3) 행동 전환 지원
		4) 피드백
		5) 변화와 성장 축하

에필로그

더 높이, 더 멀리!

더는 망설이지 마라.
이제 당신이 더 높이 날아오를 차례다.
마흔의 조나단이여, 날개를 펼쳐라.

나는 마흔을 지나며 인생의 바람과 비를 견뎌왔다. 그 시간이 쌓여, 하나의 추억이 되었다. 그리고 마침내, 나는 내 삶을 사랑하는 법을 배웠다.

몇 해 전, 『논어』에서 읽었던 사부주피(射不主皮)라는 구절이 떠올랐다.

"활쏘기는 가죽 과녁을 꿰뚫는 것만이 전부가 아니다."

과녁을 맞히는 것보다 더 중요한 것은 무엇일까?

삶도 마찬가지다. 우리는 목표를 이루기 위해 노력하지만, 진정한 의미는 그 과정 속에서 자신을 단련하는 것에 있다. 갈매기 조나단이 고공비행에 성공했을 때, 그의 멘토 치앙은 마지막으로 이렇게 말했다.

"조나단, 계속 사랑을 단련하게."

나는 그 말의 의미를 이제야 깨닫는다. 50이 넘은 지금, 나는 비로소 '나'를 사랑하는 존재로 살아가고 있고, 상대를 있는 그대로 볼 수 있는

'눈'을 갖게 되었다. 그리고 지금껏 터득한 자기 성장의 원리를 나누기 위한 방법을 찾고 있다. 진정한 아름다움은 자신의 인생을 사랑하는 것에서 나온다. 그리고 우리는 서로를 도우며 살아가는 존재다.

추억이 된 시간들

나무는 위로만 자라지 않는다.

옆으로도, 아래로도 뻗으며 빛을 향해 나아간다.

넓게 펼쳐진 가지와 잎은 살아온 궤적이고, 생존을 위한 몸부림이다.

결국 아름답다는 것은, 주어진 환경 속에서 나의 삶을 견뎌왔다는 뜻이다.

나도 그렇게 살아왔다. 마흔의 시간 동안 수많은 도전과 실패, 배움과 성장을 겪었다. 그 과정이 쌓여, 이제 내 인생도 하나의 추억이 되었다. 『오디세이아』에서는 오디세우스가 부하들을 향해 이렇게 말한다.

"지금껏 우리는 수많은 역경과 고난을 헤쳐왔소. 그러니 이 또한 추억이 될 것이오."

현재의 어려움이 언젠가 과거가 되어 '극복의 순간'으로 기억될 때, 우리는 새로운 용기를 얻는다. 그 용기로 인해 10년의 삶을 오롯이 이 책에 담았다. 사방으로 흩어졌던 생각들이 한데 모였고, 지나온 시간이 이야기로 연결되었다. 그렇게 나는 지난 시간 속에서 아름다움을 발견했다.

지난 시간을 돌아보면, 나를 여기까지 이끌어준 고마운 분들이 떠오른다. 대학으로 가는 길을 열어주신 김현진 선생님, 그리고 열정의 다리를 놓아준 박준성, 하봉진, 정찬우, 노다애, 김성환 외 그리운 제자들과 고마운 멘토님들,

이 책이 세상에 나올 수 있도록 아낌없이 격려해 주신 글쓰기 스승, 김은아 작가님과 초반 구성과 방향을 함께 고민해 주신 이정훈 대표님, 김태한 대표님,

그리고 무엇보다도—

아빠의 글쓰기를 응원하며 멋진 음악을 선곡해 준 큰딸 재은이,

휴일에도 혼자의 시간을 보낼 수 있도록 배려해 준 사랑하는 아내 강계숙 님.

모두에게 깊은 감사의 마음을 전합니다.

마흔의 조나단이여, 이제 당신이 날아오를 차례다

마지막 원고를 마무리하며, 나는 운명처럼 한 카페를 만났다. 넓은 통창, 조용한 조명, 글쓰기에 딱 맞는 분위기. 업무를 마치면 곧바로 이곳에 들러, 커피 한잔을 옆에 두고 한 줄, 또 한 줄 글을 써 내려갔

다. 그렇게 한 달 남짓, 나는 여기서 책의 마지막을 마무리했다.

시우도('때 시' '만날 우' '이를 도')라는 이름처럼 이 책을 완성하는 적절한 때에 적절한 공간을 만났다. 그리고 이제, 이 책이 펼쳐질 모든 마흔의 조나단들에게—

이 책이 작은 날갯짓이 되기를 바란다.

비상의 순간은 누구에게나 온다.

그리고 당신만의 갈망이 깨어날 때, 날아오를 준비가 된 것이다.

마흔의 조나단이여, 날개를 펼쳐라.

이제 당신이 날아오를 차례다.

*

'어디서 왔는가(Where from)'가 아니라

'어디로 가는가(Where to)'이다.

알프레트 아들러(Alfred Adler, 1870~1937)